Letter Love

AF114713

Katja Blume führte schon ein »Letterleben« als das Wort »Lettering« noch nicht in aller Munde war. Nach dem Studium der Innenarchitektur betreute die Diplom-Ingenieurin jahrelang die Planung von Bauprojekten. Dabei verlor sie nie die Leidenschaft fürs kreative Zeichnen, arbeitete mit der Zeit verstärkt als selbstständige Künstlerin und stellte ihre Werke aus. Zudem illustriert sie Bücher und gibt Lehrerfortbildungen an Schulen für den Fachbereich Kunst. Neben Auftragsarbeiten leitet sie Kurse mit künstlerisch-kreativem Schwerpunkt in ihrem eigenen Atelier in Großburgwedel bei Hannover.

Mit der Gründung des Labels »smune« entstand eine Plattform für ihre kreativen Arbeiten, die geprägt sind von Schriften und Buchstaben. Ihre Liebe zu den Buchstaben möchte sie mit diesem Buch gern weitergeben.
Instagram: smunedesign

Papier plus+ PDF.

Zu diesem Buch – sowie zu vielen weiteren dpunkt.büchern – können Sie auch das entsprechende E-Book im PDF-Format herunterladen. Werden Sie dazu einfach Mitglied bei dpunkt.plus+:

www.dpunkt.plus

Katja Blume

Letter Love

**Coole Buchstaben, kreative Schriften
und jede Menge Lettering-Ideen**

#

Katja Blume

Lektorat: Barbara Lauer
Lektoratsassistenz: Anja Weimer
Copy-Editing: Sandra Petrowitz, Weyarn
Layout und Satz: Veronika Schnabel
Herstellung: Stefanie Weidner, Frank Heidt
Umschlaggestaltung: Veronika Schnabel
Fotos und Abbildungen: Katja Blume
Druck und Bindung: mediaprint solutions GmbH, 33100 Paderborn

Bibliografische Information der Deutschen Nationalbibliothek
Die Deutsche Nationalbibliothek verzeichnet diese Publikation in der Deutschen Nationalbibliografie; detaillierte bibliografische Daten sind im Internet über *http://dnb.d-nb.de* abrufbar.

ISBN:
Print   978-3-86490-849-1
PDF   978-3-96910-547-4
ePub   978-3-96910-548-1
mobi   978-3-96910-549-8

1. Auflage 2021
© 2021 dpunkt.verlag GmbH
Wieblinger Weg 17
69123 Heidelberg

Hinweis:
Der Umwelt zuliebe verzichten wir auf die Einschweißfolie.

Schreiben Sie uns:
Falls Sie Anregungen, Wünsche und Kommentare haben, lassen Sie es uns wissen: *hallo@dpunkt.de*.

Die vorliegende Publikation ist urheberrechtlich geschützt. Alle Rechte vorbehalten. Die Verwendung der Texte und Abbildungen, auch auszugsweise, ist ohne die schriftliche Zustimmung des Verlags urheberrechtswidrig und daher strafbar. Dies gilt insbesondere für die Vervielfältigung, Übersetzung oder die Verwendung in elektronischen Systemen.

Es wird darauf hingewiesen, dass die im Buch verwendeten Soft- und Hardware-Bezeichnungen sowie Markennamen und Produktbezeichnungen der jeweiligen Firmen im Allgemeinen warenzeichen-, marken- oder patentrechtlichem Schutz unterliegen.

Alle Angaben und Programme in diesem Buch wurden mit größter Sorgfalt kontrolliert. Weder Autorin noch Verlag können jedoch für Schäden haftbar gemacht werden, die in Zusammenhang mit der Verwendung dieses Buches stehen.

5 4 3 2 1 0

hello liebe Buchstabenfreunde,

dieses Buch richtet sich an alle Handlettering-Begeisterten, die bereits leidenschaftlich im Schreibflow stecken und nach neuen Ideen suchen, aber auch an interessierte Neulinge auf diesem Gebiet. In erster Linie geht es um die wunderbare Vielfalt an Möglichkeiten der kreativen Gestaltung mit handgeschriebenen und gezeichneten Buchstaben, Wörtern und Texten.

Dieses Buch soll euch zum Experimentieren mit verschiedenen Schriftarten motivieren, zum Gestalten von eigenen, originellen Entwürfen anregen und zum Arrangieren von Wörtern inspirieren, um dann schöne Letterings zu gestalten. Außerdem möchte ich euch für neue Projekte begeistern. Dazu findet ihr hier technische Hilfen und nützliche Tipps sowie Beispiele und Anwendungsvorschläge.

Ich zeige euch verschiedene Schriftstile – und welche Wirkung sich mit unterschiedlichen Schriften erzielen lässt. Ihr erfahrt, wie ihr eure eigenen Schriften kreiert, bekommt Ideen und Anregungen zum Gestalten von fantasievollen Alphabeten und lernt, wie ihr ein spannendes Layout für kurze Texte erstellt oder Schrift als Muster einsetzen könnt. Weiterhin findet ihr Entwürfe von dekorativen Initialen und persönlichen Monogrammen, Vorschläge für spontanes Lettering aus Wortsammlungen, bildhafte Konturen für Wörter sowie kreative Schriftzüge für Titel und Überschriften. Dazu stelle ich euch Typografie-Ideen mit gezeichneten Buchstaben vor, verschiedene Methoden zum Ribbon Lettering, Print Lettering, farbenfrohe Hintergrundgestaltungen und einiges mehr.

Seid ihr bereit?
Dann wünsche ich euch viel Vergnügen!

Katja Blume

E **Einleitung**   1

1 **Zum Reinkommen**   5

Allgemeines zu Handlettering,
Kalligrafie und Typografie............ 7

Ausgefallene Einfälle................ 9
   Jahreszeiten........................ 10
   Essen.............................. 11
   Wünsche........................... 11
   Feiertage.......................... 13
   Sprüche, Weisheiten und Zitate......... 14
   Natur.............................. 14
   Wochentage........................ 15
   Alltag............................. 16
   Hobbys............................ 16
   Farben............................ 17
   Urlaub............................. 18
   Getränke........................... 19
   Songtitel und Liedpassagen............ 20
   Anlässe............................ 20
   Reime............................. 21

Ideen festhalten und skizzieren....... 22

Die richtige Haltung................. 24

Material und Werkzeug.............. 27
   Lieblingsstifte....................... 27
   Bleistift............................ 29
   Fineliner........................... 31
   Pinselstifte......................... 32
   Kalligrafiestifte...................... 34
   Marker............................ 36
   Tintenroller und Gelstifte.............. 37
   Lackmarker........................ 38
   Spezielle Marker.................... 39
   Werkzeug.......................... 39
   Papier............................. 42

Unsere Handschrift................. 44

Wie kannst du deine Skizze übertragen? 47
   Methode 1 – Fensterscheibe........... 47
   Methode 2 – Light Pad................ 48
   Methode 3 – Transferpapier........... 50
   Methode 4 – Transparentpapier........ 52

2 **Die Buchstaben**   57

Die Anatomie der Buchstaben........ 59

Die Schriftschnitte.................. 61

Die grundlegenden Schriftstile........ 62
   Serif.............................. 62
   Sans Serif.......................... 63
   Script............................. 63

3 Regeln und Regeln brechen 65

Das Liniensystem 66
- Die Geometrie der Buchstaben.......... 67
- Unicase-Schriften...................... 68
- Kapitälchen 68

Mit Abstand am besten............. 69

Bounce Lettering 71

4 Alphabete und alles drumherum 75

Serifenlose Schrift................... 76

Serifenschriften...................... 78

Brush Lettering 80

Faux Calligraphy 82

Western-Look 84

Stencil-Schrift 86

Bootcut 88

Be-leaf me 90

Hurry up!........................... 92

Bretterbude......................... 94

Throw Up Letters 96

Bubble Gum 98

Graffiti-Schrift 100

Cartoon-Schrift..................... 102

Buchstaben-Design – Entwerfen leicht gemacht! 104
- Round about 107
- Love & Peace 109
- You & Me 110
- Durch dick und dünn 111
- Freestyle 112
- Happy Birthday 113

Licht und Schatten................. 114
- Schattierungen 117

Dreidimensionale Buchstaben 118

Banner 122
- Einfach eingerolltes Spruchband 122
- Gerades Banner 122
- Gewelltes Banner 123
- Doppel-Banner 123

Schnörkel 124

Ranken und Kränze 125

Bordüren.......................... 132

5 Eine große Portion Lettering-Ideen 135

Dekorative Alphabetbilder 136

Origineller Buchstaben-Mix – Gestalterischer Stilbruch erwünscht... 139

Inhalt

Spontanes Lettering aus Wortsammlungen ... 142

Outline-Lettering ... 145
    One, two, three! ... 145
    Sittin' in the Mornin' Sun ... 146
    You are great ... 147

Drunter und drüber ... 151
    Alles Gute ... 151
    Have fun ... 154

Walk the line ... 156
    Danke ... 156
    Luise ... 157

Ribbon Lettering ... 160
    Methode 1 – mit Brush Pen ... 160
    Methode 2 – mit Bleistift ... 162

Layouts für Sprüche ... 166
    Baby, It's Cold Outside ... 166
    Die Worthierarchie ... 169
    You are my sunshine ... 169
    Don't forget to smile ... 173
    Layout Brottüte ... 177

Print Lettering ... 180

Bildhafte Konturen für Wörter ... 185
    Wörter in einen Rahmen gesetzt ... 185
    Zimtstern ... 185
    Houston ... 188
    Familienherz ... 192
    Herbstblatt ... 195
    Live your Life ... 198
    Buchstaben an eine Form anpassen ... 201
    Coffee ... 201
    Big Apple ... 204
    Can't stop the feeling ... 206
    Guten Morgen ... 208

Schrift als Muster ... 210
    Aus Wörtern entstehen Muster ... 210
    Schrift ohne Worte ... 215

Verzierte Initialen und persönliche Monogramme ... 216
    B wie Blume ... 216
    Ein J für Jules ... 217

Typografieideen mit gezeichneten Buchstaben ... 220
    Eine runde Sache ... 220
    Alles auf Anfang ... 222
    Music is what feelings sound like ... 223

Journal Lettering ... 224
    Negativ-Lettering ... 225

Hintergrundwissen ... 226
    Der Farbfleck ... 226
    Schablonenmuster ... 229
    Stempeldruck ... 231

Nicht nur auf Papier schön! ... 233
    Lettering auf Textilien ... 233
    Worte auf Stein ... 235
    Lettering auf Pappe, Leinwand und Holz ... 236

Dankeschön ... 238

Index ... 241

Einleitung

Einleitung

Vor einer Weile fragte mich jemand, ob ich die »Letteritis« hätte. Das war bei meiner letzten Ausstellung, bei der ich Bilder zum Thema »Gestaltung mit Schrift« zeigte. Ich musste schmunzeln und begann darüber nachzudenken.

Rückblickend kann ich sagen, dass Symptome dafür schon in meiner frühen Kindheit erkennbar waren. Seit ich einen Stift halten kann, zeichne ich. Noch bevor ich schreiben lernte, tat ich zumindest so, als ob ich es könnte, indem ich Gebilde entwarf, die einer Schrift ähnelten. Ich las diese »geschriebenen« Zeilen auch gern vor, um keinen Zweifel daran aufkommen zu lassen, dass es sich um richtige Buchstaben handelte. Übrigens beherrschte ich auch besonders fremde Fremdsprachen, die niemand kannte, aber das ist ein anderes Thema …

Als ich endlich schreiben konnte, verzierte ich meine Buchstaben mit wunderschönen Kringeln und Schnörkeln, auf die ich mächtig stolz war. Die Freude darüber währte nur kurz, da meine Lehrerin die Schnörkel nicht von kleinen Es unterscheiden konnte. Meiner Meinung nach war das klar erkennbar, doch sie ließ sich nicht auf Erläuterungen ein und verbot mir die Kringelei. An alle, die Ähnliches erlebt haben: Das Verbot ist aufgehoben, Kringeln ist ausdrücklich erwünscht! Legt los! Holt alle Kringel nach, die ihr in den Jahren nicht kringeln durftet!

Später habe ich ausgeklügelte Geheimschriften entwickelt, die so kompliziert waren, dass meine Freunde sie nicht enträtseln konnten. Sie waren wohl zu raffiniert, aber auch dekorativ. Die künstlerische Raffinesse stand bei mir schon immer an erster Stelle.

Mein Opa war blind. Er las die Blindenschrift, schrieb Geschichten auf der Schreibmaschine, komponierte groovige Beats auf seiner Hammondorgel, trug immer eine große Sonnenbrille und föhnte mir nach dem Baden die Haare, während ich im Frotteebademantel auf dem Klodeckel saß. Dazu pfiff er die »Berliner Luft«. Er war mein Held! Auf seiner Schreibmaschine tippte ich Buchstaben und experimentierte mit Leerzeichen und veränderten Zeilenabständen, um meine Texte interessanter aussehen zu lassen. Damals wusste ich natürlich noch nichts von Layouts. Auf diese gehe ich später im Buch ein.

Um meinen Opa mit einigen netten Zeilen zu überraschen, stach ich mit einem spitzen Bleistift Löcher in mein Papier an den Stellen der Punkte, die die Buchstaben der Blindenschrift bildeten. Leider hatte ich anscheinend zu unleserlich »geschrieben«, die Löcher waren schwer ertastbar, so blieb die Geheimbotschaft für immer geheim.

Auch das Morsealphabet blieb von mir nicht unentdeckt. Ein gezeichneter Morsecode ergibt ein schönes grafisches Muster.

▬ ▬▬▬ ▬▬▬ ▪▬▪ ▪ ▪ ▪▬▪ ▪ ▪

Toll

Mit Schriften lassen sich ganz großartig Muster erzeugen als besonderes Gestaltungselement. Auch darauf komme ich später noch zurück.

Auf diverse weitere Anekdoten aus dem kreativen Schriftgestaltungsbereich zu Zeiten meiner Pubertät möchte ich nicht näher eingehen. An dieser Stelle ein kleiner Tipp an jugendliche Leser: niemals kreative Schriftzüge an öffentlichen Wänden, Klotüren, Parkbänken etc. signieren. »Ich war das nicht!« kommt da nicht gut! Und es zieht auch dann Ärger nach sich, wenn die Gestaltung besonders gut gelungen ist und die Mitteilung aus positiven Botschaften besteht.

Unverfänglicher waren meine Kritzeleien auf allen freien Stellen, die auf – egal welchen – Zetteln zu finden waren. Sie bestanden aus grafischen und organischen Mustern, Symbolen und Zeichen, schnellen Konturzeichnungen, schön geschriebenen Sprüchen, Titeln von Lieblingshits und in wen ich in jener Woche verliebt war. Heute heißen diese Kritzeleien »Doodles«, »Zentangles«, »Handlettering«, »Icons« und »Illustrationen«. Auch mit neuer Bezeichnung liebe ich sie noch immer. Statt einer Zettelwirtschaft habe ich heute allerdings »Sketchbooks«: Skizzenbücher.

Als Innenarchitektin zeichnete ich überwiegend technische Pläne, doch irgendwann holte mich die kreative Zeichenlust wieder ein. Meine Zeichnungen, Malereien, Linol- und Siebdrucke waren von Schriften geprägt, vor vielen Jahren schon – und sind es auch heute noch.

Jetzt, nachdem ich darüber nachgedacht habe, kann ich ganz klar sagen: »Ja, ich habe die Letteritis!« Dieses Virus ist ansteckend, und ich möchte euch leidenschaftlich gerne damit infizieren.

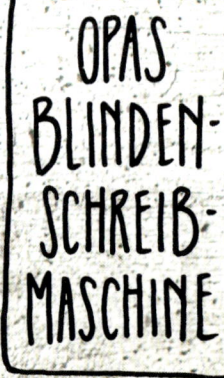

1 Zum Reinkommen

PLEASE MISTER POSTMAN LOOK AND SEE, IS THERE A LETTER, A LETTER FOR ME?

Allgemeines zu Handlettering, Kalligrafie und Typografie

Handlettering liegt eine Weile schon im Trend. Man sieht viele schöne handgezeichnete Texte auf Menütafeln in Cafés, auf Grußkarten, Postern, Etiketten, Buchtiteln, in Logos, auf Websites und an vielen anderen Stellen. Aus unserem Alltag lässt sich Handlettering gar nicht mehr wegdenken. Besonders schön daran ist, dass Handlettering immer einen persönlichen Charakter hat.

Lettering oder auch **Handlettering** ist die Kunst, Buchstaben zu zeichnen. Wir sprechen also nicht von »schreiben«. Du musst keine schöne Handschrift haben, um ein schönes Lettering zu kreieren. Ich habe zum Beispiel leider keine. Beim Lettering geht es um die Gestaltung der einzelnen Buchstaben und Wörter und darum, sie kunstvoll und kreativ zu einem Gesamtkunstwerk zu arrangieren. Jeder Buchstabe wird gezeichnet, das macht die Individualität des Letterings aus.

Es gibt kaum Regeln, also kannst du so gut wie nichts falsch machen. Und es gibt unendlich viele Möglichkeiten der Gestaltung von Buchstaben und Wörtern, sie können viele unterschiedliche Formen und Größen annehmen. Im Entstehungsprozess kann immer wieder radiert und korrigiert werden, so lange, bis die Buchstaben schön aussehen und man mit dem Ergebnis zufrieden ist.

Handlettering ist leichter zu erlernen, als du denkst – alle können es lernen. Sicherlich gibt es anspruchsvolle Details beim »Lettern«, die sich mit viel Übung meistern lassen. Übung und viel Geduld! Niemand muss gleich perfekt sein. Nach etwas Übung sieht man schon erste Erfolge. Und es macht sehr viel Spaß!

Kalligrafie ist die Kunst des schönen Schreibens. Im Gegensatz zum Handlettering werden die Buchstaben hier geschrieben, meistens mit Federn und Tinte. In der klassischen Schönschreibkunst gibt es viele strenge Regeln, zum Beispiel die Einhaltung von bestimmten Schrifthöhen und Neigungswinkeln der Buchstaben. Ohne die Möglichkeit zum Nachbessern müssen die Buchstaben gleich auf Anhieb perfekt geschrieben sein.

Typografie ist die Lehre von der Schriftgestaltung, den Schriftcharakteren und Schriftgrößen – ursprünglich vom Setzen von Buchstaben für den Druck. Früher verwendete man bewegliche Lettern aus Blei, heute werden Schriften am Computer gesetzt. Dazu wählt man aus vorhandenen Schriften aus, die Buchstaben werden also nicht gezeichnet oder geschrieben.

merke!

Beim Handlettering haben wir die **Großbuchstaben** und die **Kleinbuchstaben**.

Diese heißen in der Kalligrafie **Majuskel** und **Minuskel**.

In der Typografie nennt man sie **Versalien** und **Gemeine**.

Falls du einmal über diese Begriffe stolpern solltest, weißt du nun, was damit gemeint ist.

Ausgefallene Einfälle

Das leidenschaftliche Interesse am Zeichnen motiviert mich dazu, kreativ zu sein. Aber Kreativität braucht auch Inspiration: den Funken, der das Feuer entfacht. Inspiration finde ich in alltäglichen Momenten. Das können Gefühle sein, Regentropfen am Fenster einer Straßenbahn, die im Fahrtwind tanzen, funkelnde Sterne am Nachthimmel, lange Schatten in der Abendsonne, Milchreis mit Zimt und Zucker …

Die Inspiration mit Fantasie angereichert ergibt eine gute Idee, die kreativ umzusetzen ist. Das kann beispielsweise in Form einer Musikkomposition sein, einer lyrischen Dichtung, eines Ölgemäldes, eines Handletterings.

Mir wurde schon immer eine blühende Fantasie nachgesagt, in Dingen etwas zu sehen. Bestimmt hast auch du diese Erinnerung aus Kindheitstagen, als du in jeder Holzmaserung mit Astlöchern hämisch grinsende Fratzen erkanntest, die dich immerzu anstarrten. Oder du einfach nur im Gras gelegen und in den Himmel geblickt hast. In den vorbeiziehenden Wolken waren ständig wechselnde Figuren zu erkennen. Ich habe damals nicht verstanden, wie jemand anderes einen Fisch in einer Wolke sah, wo sie doch eindeutig ein Elefant war! Das ist das Tolle an der Fantasie.

Leider glauben viele Menschen, dass sie die Fantasie und die Kreativität mit ihrer Kindheit abgelegt haben. Wir haben tatsächlich etwas abgelegt, nämlich unsere Spontaneität und unseren Mut zu zeichnen. Oft verhindert unser Kopf schon von vornherein eine schöne Idee und vertreibt die Lust am Zeichnen – unüberwindlich scheint die Befürchtung, zu versagen und sich zu blamieren.

Ein gesetztes Thema oder ein Motto ist eine gute Starthilfe im kreativen Bereich. Nach anfänglichem Brainstorming und einigen Entwurfsskizzen entwickelt sich eine gute Idee. Baue dir ein Gerüst aus Themen, die dich inspirieren. Daran kannst du dich entlanghangeln – und der leere Blick aufs weiße Blatt gehört der Vergangenheit an.

Nachfolgend findest du eine Reihe von Themen, die mich zum Zeichnen und Lettern motivieren.

In einem meiner Kurse habe ich die Teilnehmer zu einer Art-Challenge aufgerufen. Ich habe in jeder Stunde ein neues Thema vorgegeben. Alle Medien, alle Techniken waren erlaubt und ausdrücklich erwünscht. Am Ende hatten wir Schraffurzeichnungen, Brush Letterings, Acrylbilder und vieles mehr – alles zum gleichen Thema. Die Bilder hätten nicht unterschiedlicher sein können. Das macht nicht nur viel Spaß, es fördert auch die Kreativität.

Jahreszeiten

Frühling, Sommer, Herbst und Winter lassen sich vielfältig kreativ interpretieren, besonders mit Worten.

Essen

Das Tagesthema. Was koche ich heute? Auf jeden Fall etwas mit Chilis aus unserem Garten.

Einzelne Zutaten lassen sich in Szene setzen, ein Lieblingsgericht oder ein ganzes Rezept. Lass deiner Fantasie freien Lauf.

Wünsche

Ganz egal, ob du selbst einen Herzenswunsch hast oder ob du jemandem etwas wünschst, halte deinen Wunsch fest. Am besten mit dem Stift auf Papier.

Feiertage

Weihnachten und Ostern sind sehr beliebte Themen für Letterings. Besonders in der Weihnachtszeit kann man die guten Wünsche vielfältig ausdrücken:

- Fröhliche Weihnachten
- Frohes Fest
- Merry Christmas
- Besinnliche Adventszeit
- Santa is coming soon
- HO HO HO
- Merry X-Mas
- Merry and Bright
- Joy to the world
- ...

Auch zu Neujahr und zu anderen Feiertagen lassen sich Worte finden, die du dekorativ in Szene setzen kannst.

1 Zum Reinkommen

Sprüche, Weisheiten und Zitate

Ein lustiger oder weiser Spruch findet sich zu jedem Thema. Schön gestaltet eignet er sich wunderbar zum Verschenken.

Natur

Von der Natur lasse ich mich immer wieder gern inspirieren. Allein zu »Blumen« findest du unzählige Statements, die du lettern kannst.

Ausgefallene Einfälle

Wochentage

Jeder Tag in der Woche hat so seine eigene Ausstrahlung. Der Montag hat es nicht leicht, auf der Beliebtheitsskala für Wochentage einen Spitzenplatz zu bekommen, außer vielleicht bei Friseuren. Am Mittwoch wird die Hälfte der Woche gefeiert, der Donnerstag ist der kleine Freitag, und dann kommt das Happy End – das Weekend! Zu Wochentagen gibt es eine Menge lustige Sprüche, die sich zeichnerisch umsetzen lassen. Oder du verbindest selbst etwas mit einem Tag.

Alltag

Lass dich inspirieren von Dingen, die dir im Alltag passieren. Ich musste heute zum Zahnarzt. (Glücklicherweise hat er wieder nichts gefunden.)

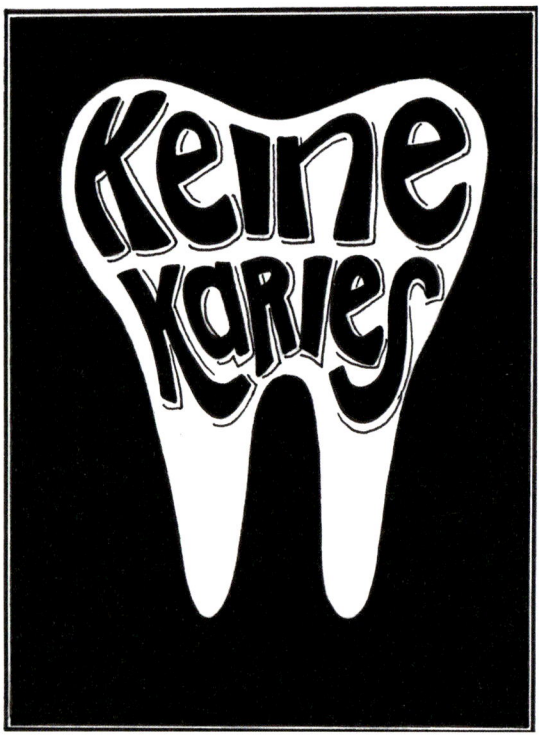

Hobbys

Ob Sport, Handarbeiten, Heimwerken oder Musik: Gestalte eine Liebeserklärung an eine Freizeitbeschäftigung, die du mit Leidenschaft betreibst.

Farben

Farben wirken auf unsere Psyche und unseren Körper. Sie beeinflussen unsere Emotionen. Aus diesem Grund können wir sie gezielt einsetzen, um bestimmte Stimmungen zu erzeugen.

Urlaub

Im Urlaub hat man (meistens) Zeit und ist entspannt. Man kann schöne Momente in Wort und Bild festhalten. Oder auch den Namen des Urlaubsortes, des Landes, einer Sehenswürdigkeit oder einer Aktivität. Im Urlaub gibt es unendlich viele Möglichkeiten.

Pack einige Stifte und ein Skizzenbuch in deine Reisetasche. Damit bist du gut gerüstet, wenn dich unterwegs die Zeichenlust überkommt. Mein Survival-Urlaubs-Set besteht aus einem Bleistift, einem Radiergummi, einem Anspitzer, zwei Fineliner, drei Farbstiften, einem Marker (Grau) und einem kleinen Skizzenbuch. Okay, das ist ausreichend für den Wochenendtrip, für den Sommerurlaub brauche ich etwas mehr Equipment. Nimm am besten dein aktuelles Lieblingsmaterial mit.

Ausgefallene Einfälle

Getränke

Kaffee ist unglaublich inspirierend für viele, die lettern. Es gibt unzählige Letterings rund um »Coffee«, »Espresso« und »Cappuccino«.

Auch für mich sind Kaffee & Co. beliebte Motive. Aber auch Kaltgetränke aller Art lassen sich kreativ zeichnen und lettern.

Songtitel und Liedpassagen

»Ohne Musik wäre das Leben ein Irrtum«, wie es Friedrich Nietzsche treffend formuliert hat. Zum Leidwesen meiner Familie singe ich gern. Ich habe ständig irgendwelche Songtexte im Ohr, zum Beispiel »Cotton Fields« von Creedence Clearwater Revival. Welche Lieder inspirieren dich zu einem Lettering?

Anlässe

Besondere Anlässe wie Hochzeiten, Taufen, Jubiläen oder Geburtstage sind ein guter Anstoß zum kreativen Gestalten. Eine selbstgestaltete Karte ist immer sehr persönlich.

Ausgefallene Einfälle

Reime

Auch wenn man sich darauf keinen Reim machen kann!

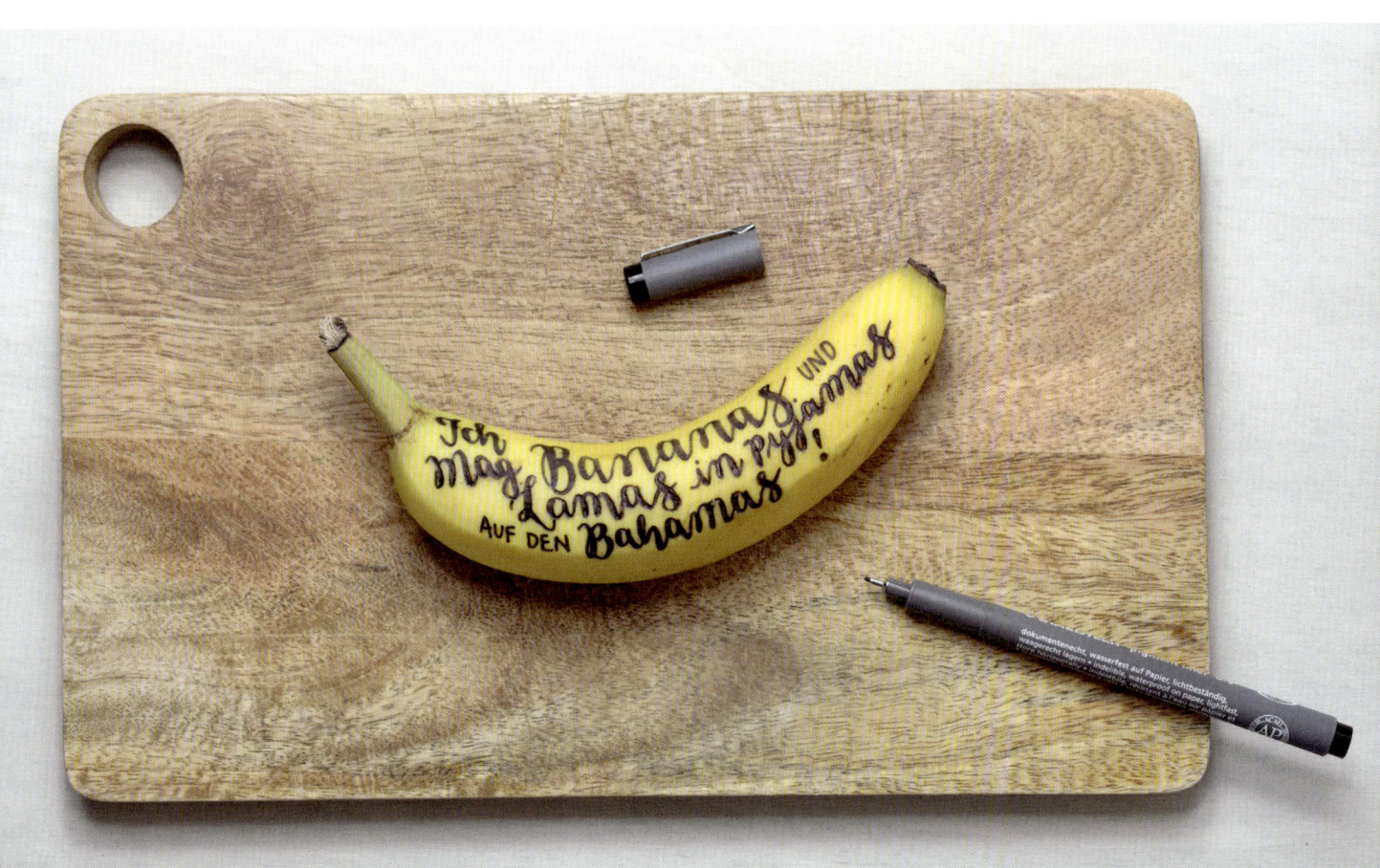

1 Zum Reinkommen

Ideen festhalten und skizzieren

Gute Einfälle kommen und gehen zu jeder Tages- und Nachtzeit, an welchem Ort auch immer. Ich werde oft spätabends im Bett von kreativen Ideen überrascht. Nicht selten überschlagen sich die Gedanken, und ich muss sie festhalten, um sie nicht aus dem Gedächtnis zu verlieren.

Für meine Gedanken und Entwürfe nutze ich Skizzenbücher und Hefte. Skizzenbücher gibt es in vielen verschiedenen Ausführungen – unterschiedliche Größen, Formate, Papierbeschaffenheit, Grammatur, Bindung und anderes mehr. Ich benutze gern Skizzenbücher mit etwas stärkerem Zeichenpapier, damit die Tuschestifte nicht durchdrücken. So kann man auch die jeweiligen Folgeseiten problemlos nutzen.

Natürlich kannst du auch auf losen Blättern skizzieren, das artet allerdings schnell in einer Zettelwirtschaft aus. Mit einem Skizzen-

Deponiere Skizzenbücher oder -hefte an verschiedenen Orten, zum Beispiel an deinem Bett, neben dem Lieblingssessel oder -sofa und an deinem Arbeitsplatz. Ich empfehle auch ein kleines Notizbuch für unterwegs, ein leichtes Oktavheft zum Beispiel für die Handtasche oder den Rucksack. Denn unterwegs hat man nicht nur oft Wartezeiten, sondern auch Geistesblitze. Skizziere, was dir durch den Kopf geht: in der Kaffeepause, während die Kartoffeln kochen, im Wartezimmer der Arztpraxis, in Bus und Bahn, beim Friseur, wenn du nachts nicht schlafen kannst …

Ideen festhalten und skizzieren

buch hast du immer alles beisammen und kannst an jeder angefangenen Zeichnung weiterarbeiten oder sie verwerfen.

Skizzenbücher sind wahre Schätze, »Ideen-Bilderbücher« sozusagen. Meine Kursteilnehmer blättern meine Skizzenbücher immer wieder gern durch, um sich inspirieren zu lassen. Und das ist gut, denn Bilder können unglaublich anregend sein. Bilder, die mich inspirieren, hänge ich an mein Moodboard, meine »Stimmungstafel«. Es ist eine Sammlung aus Texten, Farbkombinationen, Fotos und anderen Dingen, die mir gefallen – ganz egal, ob Zeitungsausschnitte, ein Gedicht, Postkarten oder einfach ein netter Spruch. Sie versetzen mich in eine gewünschte Stimmung und wecken kreative Impulse und Assoziationen für neue Projekte. Die Exponate müssen nicht in Zusammenhang zueinander stehen, können es aber. Mein Moodboard verändert sich laufend. Mal kommt etwas dazu, mal verschwindet etwas.

Nutze einen Platz an der Wand, möglichst an deinem Kreativ-Arbeitsplatz, für dein persönliches Moodboard. Dies kann eine Pinnwand aus Kork sein, eine Magnettafel oder auch die nackte Wand. Auf Putz oder Tapete solltest du Washi-Tapes verwenden, die sich rückstandslos wieder ablösen lassen. Sie sind in den verschiedensten Farben und Designs erhältlich.

1 Zum Reinkommen

Die richtige Haltung

Ich hab sie noch immer im Ohr, die verzweifelt klingenden Worte meiner Oma: »Hach Kaaatja, rück deinen Stuhl ran, sitz nicht so krumm und leg dein Heft gerade hin!« Und: »Du malst ja mit der Nase!« Aber ich wurde auch für meine Kunstwerke gelobt. Einmal habe ich sogar mitbekommen, wie meine Oma mit mir angegeben hat. Wie außergewöhnlich schön ich etwas gezeichnet hätte und wie begabt ich sei, hat sie jemandem erzählt. Auch dieser ruhmreiche Moment aus meiner Kindheit ist mir in Erinnerung geblieben.

Das mit der richtigen **Schreib- und Zeichenhaltung** ist so eine Sache, die wohl nicht allgemeingültig zu klären ist. Obwohl ich natürlich die korrekte Sitzhaltung kenne, entstehen meine schönsten Skizzen und Entwürfe abends liegend im Bett oder auf dem Sofa herumlümmelnd. Bei schlechtem Licht, ohne feste Unterlage und bei extrem schlechter Haltung. Manchmal wundere ich mich später über gut gelungene Linien, trotz dieser Umstände. Oft, wenn es eigentlich unmöglich ist, etwas ordentlich zu Papier zu bringen, entstehen tolle Entwürfe. Ich denke, es liegt an der geringen Erwartungshaltung in solchen Momenten. Denn in einer bequemen Sofaposition, halb gefesselt von einer Wolldecke, fast gelähmt, weil die Tasse Tee nicht umkippen darf, und ohne viel Equipment (also nur mit einem stumpfen Bleistift oder einem kratzenden Kuli und dem Papier, in diesem Fall der Rückseite einer alten Rechnung mit Falz und Schokoladenfleck) kann man ja keine Wunderwerke erwarten. Dann bin ich frei von »Das muss jetzt gut werden« – der Zettel gehört ja sowieso schon zum Altpapier. Meistens wird die Zeichnung dann interessant, und mir muss später eine Wiederholung auf besserem Papier gelingen. Eine geringere Erwartungshaltung ist natürlich auch verbunden mit totaler Entspannung. Und eine dadurch lockere Strichführung hat immer einen interessanten Charakter.

Dieses Phänomen beobachte ich auch in meinen Zeichen- und Lettering-Kursen. Oft kommt die Frage nach Schmierpapier, weil man nur etwas ausprobieren möchte. Das Resultat sind die schönsten Entwürfe auf dünnen Papierresten mit den schlimmsten Befürchtungen, sie niemals wieder so perfekt hinzubekommen. Diese Sorge ist allerdings (fast) unbegründet; ich werde noch zeigen, wie du eine Skizze auf ein anderes Papier überträgst. Nur den lockeren Strich in der Ausarbeitung musst du dann wiederholen.

Ich möchte keinesfalls behaupten, dass man nur gechillt im Liegen toll zeichnen bzw. lettern kann. Nur weil ich einige schöne Entwürfe im Sitzsack, auf der Couch, am wackeligen Campingtisch (aber mit Blick aufs Meer!) etc. gezeichnet habe, heißt das natürlich nicht, dass dieses in anderer Position schlechter möglich ist. Aufrecht am Tisch sitzend kann man ganz hervorragend zeichnen, vor allem ohne Rückenprobleme und eingeschlafene Gliedmaßen. Das wusste schon meine Oma.

Ein ähnliches Thema ist die **Stifthaltung**. Ich halte meinen Stift so, wie man es als Kind lehrbuchmäßig lernt. Der Stift liegt zwischen Zeigefinger und Daumen und wird am Mittelfinger abgestützt. Diese Position gilt als »richtige« Stifthaltung. Im Internet findet man viele Abbildungen zur »falschen« Stifthaltung. Darunter sieht man eine Abbildung von einer zur Faust geballten Hand, in der ein Stift steckt. In Tutorials habe ich einige Lettering-Künstler mit genau dieser Stifthaltung zeichnen sehen. Auch in meinem Mappenkurs habe ich zwei begnadete Zeichnerinnen, die ihren Stift auf diese Weise halten. Sie werden sicherlich für den Studiengang Grafikdesign angenommen werden. Und ich werde ihnen keinesfalls raten, den Stift anders zu halten – vermutlich würde sich das negativ auf ihre Zeichnungen und Letterings auswirken.

Halte deinen Stift so, wie du ihn am besten führen kannst. Stütz deine Hand gut ab, arbeite langsam und atme. In meinen Kursen habe ich immer wieder beobachtet, dass Teilnehmer, die freihändig eine Linie zeichnen, die Luft anhalten. Das führt nur zu Verspannungen. Die Linie wird dadurch nicht besser.

Worauf ich auch immer wieder hinweise, ist das Arbeitstempo. Arbeite langsam! Nur so hast du die Kontrolle darüber, wo die Reise deiner (hoffentlich angespitzten!) Bleistiftspitze hingeht. Niemand wird dich später fragen, ob du für dein Lettering eine Stunde oder eine Stunde und dreißig Minuten gebraucht hast oder ob du schneller warst als sonst irgendjemand. Dein Lettering sollte erst fertig sein, wenn du es schön findest. Auch wenn du eine Woche oder einen Monat daran arbeitest. Der Stolz steht über der Zeit.

Kommen wir abschließend noch zu den zwei Worten, die ich in meinen Kursen am häufigsten wiederhole: »Bleistift anspitzen!« An dieser Stelle einen lieben Gruß und ein Augenzwinkern an alle Betroffenen. Manchmal vergisst man vor lauter Konzentration das Anspitzen, doch dadurch verändern sich die Gleichmäßigkeit und die Genauigkeit der Linien.

So viel vorerst dazu!

Material und Werkzeug

Lieblingsstifte

Es gibt sooo viele verschiedene Stifte, ich probiere immer gerne neue aus. Für andere sind es Schuhe und Taschen, für mich sind es Stifte, Schuhe und Taschen. Aber hauptsächlich Stifte haben es mir angetan. Außerordentlich gern ergattere ich besondere Exemplare während meines Urlaubs im Ausland. Andere Länder – andere Stifte! Herrlich! In mir unbekannten »Art Supplies Stores« gehe ich gern auf Schatzsuche.

Einen sensationellen Fund habe ich nach einem Kurzurlaub in Kopenhagen gemacht. Auf einem Flohmarkt dort hatte ich eine coole Hippietasche erstanden. Zu Hause stellte ich nach einer Weile fest, dass sich ein Fremdkörper im Futterstoff verfangen hatte. Durch ein winziges Loch im Saum hatte ein Tintenroller in Pink den Weg ins Paralleluniversum der Tasche gefunden. Seit der einstündigen Befreiungsoperation gehört dieser Stift zu meinen Lieblingsstiften.

Egal, ob Fineliner, Marker, Gel-, Filz-, Pinsel- oder Buntstift – ich habe viele Lieblingsstifte. Von Zeit zu Zeit ändert sich zwar die

1 Zum Reinkommen

Rangfolge auf meiner Stift-Beliebtheitsskala, aber Platz eins wird sich vermutlich niemals ändern: der Bleistift. Dicht gefolgt vom Fineliner. Damit möchte ich auch gleich zur Grundausrüstung für das Handlettering kommen. Das Tolle ist, dass man wirklich nicht viel braucht, um loszulegen. Meine Basisausrüstung sieht so aus: Bleistift mit Radiergummi, Papier (Skizzenbuch), Fineliner, Lineal, Anspitzer (wichtig!) und Schokolade (noch wichtiger!). Das schöne Taschenmesser auf dem Bild ist nur Dekoration. Es ist ein Erbstück von meiner Oma, ich liebe es sehr.

Welches zusätzliche Material du benötigst, hängt von der Art des Letterings ab, das du gestalten möchtest. Denn für diverse Techniken brauchst du bestimmte Utensilien. Ich stelle dir hier eine Reihe von gängigen Materialien vor, die ich ausprobiert habe und gern verwende – von Must-haves bis hin zu Nice-to-haves.

Bleistift

Mein Freund, der Bleistift. Er ist mein ständiger Begleiter. Mit einem Bleistift kannst du vorzeichnen, skizzieren, schattieren und schraffieren. Jeder Strich lässt sich korrigieren, also radieren. Ein Bleistift tropft nicht, läuft nicht aus, drückt nicht durch das Papier und trocknet auch nicht aus. Weder extreme Temperaturen noch die Art der Lagerung können ihm etwas anhaben. Er ist allzeit bereit. Ob du mit einem klassischen Bleistift zeichnest oder einen Druckbleistift oder Fallminenbleistift bevorzugst, ist reine Geschmackssache. Lediglich für den Druckbleistift brauchst du keinen Anspitzer. Für den Fallminenstift ist ein spezieller Spitzer nötig. Damit werden die Minen besonders spitz, spitzer als bei gewöhnlichen Bleistiften. Minen in einer Stärke von 0,5 mm sind gut geeignet zum Zeichnen. Für alle drei Varianten gibt es unterschiedliche Härtegrade. Für

Du kannst auch einen Zimmermannsbleistift für deine Letterings zweckentfremden. Er erzeugt einen interessanten Strich. Oder du experimentierst mit dickeren Minenstiften. Probiere es einfach mal aus!

1 Zum Reinkommen

Vorzeichnungen und Hilfslinien empfehle ich die Härtegrade HB und H. Sie lassen sich leicht wegradieren. Weichere Härtegrade wie B bis B7 benutze ich, um starke Kontraste und Schatten darzustellen. Am liebsten verwende ich die Bleistifte und Minen von Staedtler und Faber-Castell.

Wenn dein Stift zu kurz geworden ist, um ihn gut halten zu können, benutze eine Stiftverlängerung. So dient dir dein Stift noch für eine weitere Skizze – und du schonst die Ressourcen.

Übung macht nicht nur den Meister, sondern verbraucht auch viel Material. Wie du hier siehst, habe ich viel geübt.

Fineliner

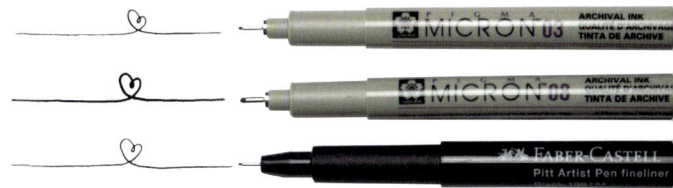

Für das Handlettering sind Fineliner sehr wichtig. Es gibt sie in verschiedenen Farben, wobei Schwarz die gebräuchlichste ist. Die Fineliner sollten hochpigmentiert, lichtecht und wasserfest sein. Das bedeutet satte Farbe, die nicht im Sonnenlicht ausbleicht, wenn du beispielsweise ein gezeichnetes Lettering rahmst und an die Wand hängst. Wasserfeste Tinte ist wichtig, wenn du mit wasserbasierten Farben über die Linien malst – sie verschmieren dann nicht. Fineliner gibt es in unterschiedlichen Stärken, meistens von 0,05 bis 0,8 mm. Viele Hersteller bieten sie im Set an. Die Strichstärken 0,3 bis 0,8 mm verwende ich für Konturen, während sich die dünneren Strichstärken optimal für eine detaillierte Ausarbeitung und feine Schraffuren eignen. Auf jeden Fall lassen sich mit einer Kombination aus dicken und dünnen Linien tolle Effekte erzielen.

Hier zeige ich dir einige Fineliner, mit denen ich gern zeichne. Zu meinen Favoriten gehören der »Pigma Micron« von Sakura und der »Pitt Artist Pen Fineliner« von Faber-Castell.

Pinselstifte

Pinselstifte, auch Brush Pens genannt, benötigst du für das Brush Lettering. Diese Stifte haben eine flexible Spitze. Durch Druck auf die Spitze erzeugst du feine und breite Striche. Es gibt kleine und große Spitzen, weiche und harte. Die Auswahl ist groß. Für den Einstieg sind kleine, feste Spitzen gut geeignet. Sie lassen sich kontrolliert führen, und die harte Spitze ist nicht so empfindlich wie breite und weiche Spitzen.

Mit größeren, weichen Spitzen werden auch die Letterings größer. Diese Stifte verwende ich auch gern zum Kolorieren von Buchstaben und Zeichnungen. Um herauszufinden, welcher Brush Pen dir am besten liegt, probiere unterschiedliche Einzelstifte aus, bevor du dir ein ganzes Set anschaffst. Tolle Pinselstifte gibt es zum Beispiel von Tombow, Pentel, Edding und Faber-Castell. Meine Brush-Pen-Lieblinge mit kleiner Spitze sind die »Sign Pens« von Pentel, die es auch in tollen Pastellfarben gibt. Für größere Letterings verwende ich gern die »Dual Brush Pens« von Tombow.

Material und Werkzeug

1 Zum Reinkommen

Kalligrafiestifte

Diese Keilstifte ahmen die Form von einigen Kalligrafiefedern nach, beispielsweise der Bandzugfeder. So lassen sich breite und schmale Linien erzeugen. Man erhält den typischen Kalligrafie-Effekt, den wir von vielen kalligrafischen Schriften kennen. Kalligrafiestifte werden unter anderem von Edding und Faber-Castell angeboten. Der »Parallel Pen« ist eine Füller-Variante mit Tintenpatronen, die in vielen schönen Farben erhältlich sind. Diese Stifte sind zwar für das Handlettering nicht unbedingt nötig; ich möchte sie aber nicht unerwähnt lassen, weil es wirklich Spaß macht, mit ihnen zu experimentieren.

Marker

Marker gibt es in unglaublich vielen Farben, deshalb benutze ich sie oft zum Kolorieren von Letterings. Zum Lettern selbst eignen sie sich natürlich auch gut. Die Tinte dieser Marker basiert auf Alkohol, somit trocknet sie schnell und verwischt nicht. Bekannte Produkte gibt es von Copic und Stylefile. Sie haben an jedem Ende eine breitere bzw. feinere Spitze.

Ebenfalls toll zum Kolorieren sind Textmarker. Ihre Tinte ist wasserbasiert, ihre Farben leuchten besonders stark. Es gibt sie in Neon- und Pastellfarben zum Beispiel von Stabilo Boss.

Tintenroller und Gelstifte

Tintenroller kennt man aus der Schul- und Bürobedarfsecke im Schreibwarenladen. Man bekommt sie meistens als Einzelstifte, mittlerweile in ganz tollen Farben. Ich setze gern farbliche Akzente mit diesen Stiften, denn oft sind Marker- oder Filzstiftspitzen zu groß für schmale Lettering-Details. Gern benutze ich den »Uni-ball eye fine« von Mitsubishi.

Gelstifte verwende ich ebenfalls zum Kolorieren von Details. Es gibt sie oft im Set, aber auch als Einzelstifte. Du hast die Qual der Wahl aus Neon-, Metallic-, Pastell-, Glitzer- und normalen Farben. Und natürlich Weiß – damit lässt sich besonders gut auf dunklem Papier arbeiten. Empfehlenswerte Gelstifte sind beispielsweise »Paper Poetry« von Rico Design und der »Uni-ball Signo broad« von Mitsubishi. Aber auch No-Name-Stifte benutze ich gern.

Lackmarker

Um es gleich vorwegzunehmen: Diese Stifte sind der Knaller! Ihre wasserbasierte, hochpigmentierte, flüssige Farbe ist deckend und schön matt. Ich habe einige Stifte von verschiedenen Herstellern ausprobiert, darunter Acrylmarker von Stylefile, Molotow und Liquitex, den »Triton« von Solo Goya und die »Paint Pens« von Uni Posca. Sie sind alle gut, aber die Uni-Posca-Farben haben es mir besonders angetan. Schön ist auch, dass diese Acrylmarker mit besonders kleinen Spitzen erhältlich sind – ideal zum Lettern. Die Farbauswahl ist groß, auch Pastell-, Neon- und Metallic-Töne sowie Farben mit Glitzereffekt sind im Angebot. Besonders schön kommen die Farben auf dunklen Untergründen zur Geltung. Du kannst sie zum Bemalen und Beschriften vieler Oberflächen verwenden, zum Beispiel von Glas, Papier, Holz, Kunststoff, Karton, Stein und Leinwand. Alle Stifte sind einzeln und als Set zu bekommen. Ich wünsche dir viel Spaß beim Ausprobieren. Aber Achtung: Hier besteht Suchtgefahr!

Spezielle Marker

Auch auf T-Shirts, Stoffbeuteln, Kaffeebechern, Küchentafeln und anderen Dingen kommen Letterings schön zur Geltung. Für besondere Untergründe benötigt man spezielle Marker. Zum Beschriften von Porzellan und Glas gibt es **Porzellan-Painter** in verschiedenen Farben und Größen unter anderem von Marabu. Die Farbe wird im Backofen eingebrannt und damit spülmaschinenfest gemacht.

Textilmalstifte für helle und dunkle Stoffe werden ebenfalls von Marabu angeboten. Die Farbe kann durch Bügeln fixiert werden oder auch durch die Hitze im Backofen.

Mit einem **Kreidemarker** kannst du dunkle Tafeln, Fensterscheiben und Spiegelflächen verzieren. Hierzu verwende ich gern die »Chalk Marker« von Edding. Auch diese Stifte sind in unterschiedlichen Farben und Größen erhältlich.

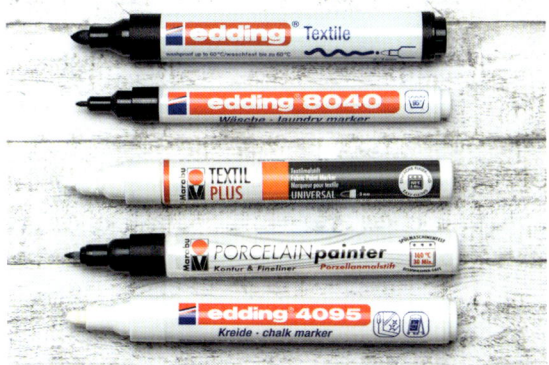

Werkzeug

Neben den Stiften nutze ich einige weitere, oft nur nebensächlich erwähnte Werkzeuge. Ein extrem nützliches Hilfsmittel ist beispielsweise das **Lineal**. Ich besitze Lineale in unterschiedlichen Längen, Metalllineale zum Schneiden mit dem Cutter und Geodreiecke in unterschiedlichen Größen. Um Hilfslinien zu zeichnen, empfehle ich dir ein **Geodreieck**. Es liefert dir viele parallele Linien in kleinen Abständen zueinander, die du an deine Linien anlegen kannst.

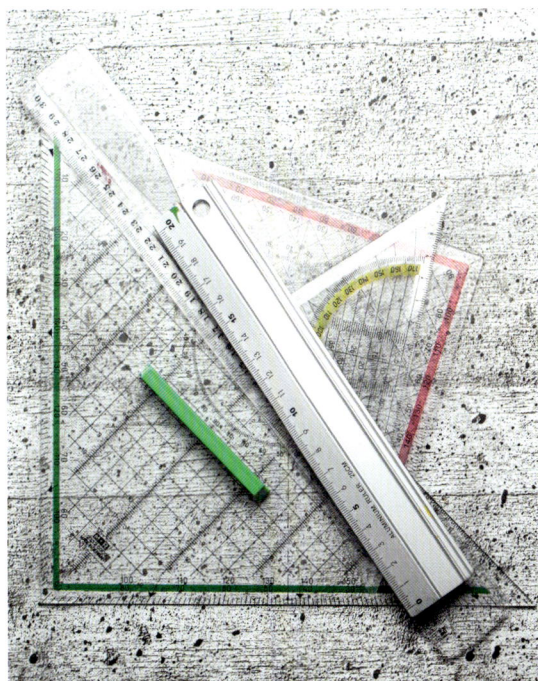

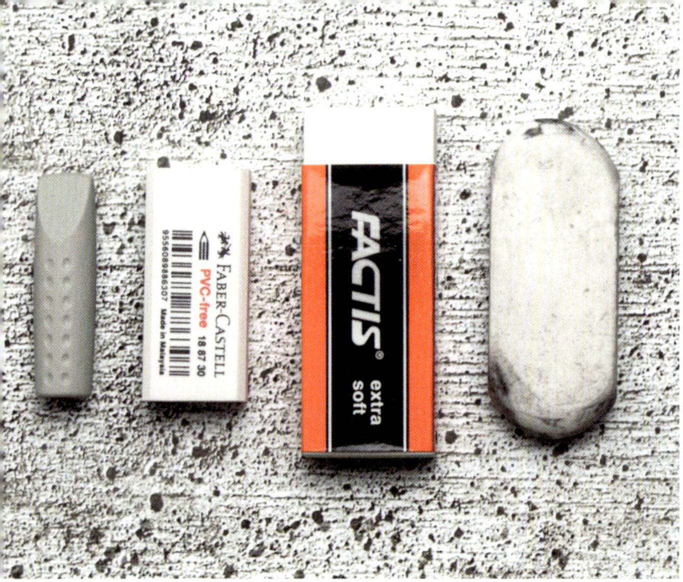

Nicht weniger nützlich ist ein **Radiergummi**. Es kann unsere Fehler vertuschen und macht unsere Hilfslinien unsichtbar. Ein gutes Radiergummi muss weich sein und darf nicht schmieren oder bröseln. Absolut empfehlenswert finde ich die weißen Kunststoff-Radierer von Factis in »extra soft«, die PVC-freien Varianten von Faber-Castell und »Mars Plastic« von Staedtler. Ich benutze auch gern die »Eraser Caps« von Faber-Castell. Sie bestehen ebenfalls aus Kunststoff und haben den Vorteil, dass sie auf den Bleistift aufgesteckt werden können. So ersparst du dir möglicherweise ein lästiges Suchen.

Wenn ich mich entscheiden müsste, auf welches Utensil ich am wenigsten verzichten könnte, dann wäre es der **Anspitzer**. Er ist mein meistgenutztes Werkzeug. Zeichnungen mit stumpfen Bleistiften werden ungenau.

Egal, ob du Metallspitzer oder Dosenspitzer verwendest: Die Spitzmesser werden irgendwann stumpf. Im Schreibwarenladen oder online bekommst du Universal-Ersatzklingen. Tausche nur die Klinge aus und behalte das Gehäuse deines Lieblingsspitzers. Und wieder schonst du die Ressourcen!

Für schöne Bögen und Kreise sind **Zirkel** unerlässlich. Auch **Kreisschablonen** sind hilfreich; mit ihnen kannst du Kreise direkt mit Finelinern oder anderen Stiften zeichnen.

> Auch runde Gegenstände lassen sich gut mit dem Stift umranden. Ich habe oft Tassen, Schälchen, Teller oder Kerzenhalter dazu verwendet. Besonders in Urlauben, wenn man nicht alles dabeihat – oder wenn es sich gerade ergab, dass beispielsweise eine Vase in einem passenden Durchmesser auf dem Tisch stand.

Um Papier zu fixieren, zum Beispiel beim Durchpausen, benötigst du **Klebeband**. Ganz wichtig ist hier, dass es das Papier beim Wiederablösen nicht beschädigt. Für diesen Zweck empfehle ich dir das »Präzisionskrepp Sensitive« von Tesa und Washi-Tape-Klebebänder. Sie lassen sich rückstandslos vom Papier entfernen.

Papier

Zu guter Letzt komme ich zu einem sehr wichtigen Thema: dem richtigen Papier. Die Wahl des Papiers hängt von den eingesetzten Stiften ab. Nicht jedes Papier ist für jeden Stift geeignet. Besonders wichtig ist die Beschaffenheit des Papiers bei der Verwendung von Brush Pens. Ihre Pinselspitzen sind sehr empfindlich und können auf rauem Papier schnell ausfransen. Außerdem erzeugt raues Papier unsaubere Linienkanten, da die Fasern des Papiers die Tinte stark aufsaugen. Ein glattes, gestrichenes Papier ist hier unbedingt zu empfehlen. Für Letterings mit dem Brush Pen verwende ich das kostengünstige DCP-Kopierpapier von Clairefontaine im A4-Format. Vergleichbar ist »Color Copy« von Mondi. Auf diesen Papieren gleitet die Pinselspitze schön über die satinierte Oberfläche.

Damit sich dein Blatt durch den Farbauftrag nicht zu stark wellt, rate ich dir zu einem etwas dickeren Papier. Die genannten Papiere sind in verschiedenen Grammaturen erhältlich. Ich arbeite gern auf Papieren von 120 g/m², deren Stärke vollkommen ausreicht.

Für Letterings mit Markern, Filzstiften und Kalligrafiestiften möchte ich dir ebenfalls glattes Papier empfehlen. Die Stiftspitzen sind in diesen Fällen zwar widerstandsfähiger als bei Brush Pens, dennoch kannst du ihre Lebensdauer so verlängern. Und auch hier fühlt es sich einfach gut an, wie die Spitzen über das Papier gleiten.

Für Skizzen und Entwürfe eignet sich normales Druckerpapier sehr gut. Im A4-Format und in einer Stärke von 80 g/m² bekommst du es zu günstigen Preisen sogar im Supermarkt. Zum Üben und Skizzieren solltest du immer reichlich damit ausgestattet sein! Auch Finelinern, Blei- und Buntstiften, Gelstiften und Tintenrollern kann das Papier nichts anhaben.

Rasterpapiere wie Karopapier oder »Dot Paper« (Punktraster-Papier) sind unter anderem für den Entwurf von geometrischen Letterings sehr praktisch. Aber auch Anfängern bieten sie Hilfe und Orientierung beim Üben. Die Auswahl an Punktraster-Papieren ist groß. Du bekommst sie in unterschiedlichen Rastergrößen als Block, Skizzenbuch oder als Downloads zum Ausdrucken. Zum Skizzieren habe ich einen Block im A5-Format von Clairefontaine (»Réglure dot«).

Zum Aquarellieren und Arbeiten mit viel Wasser brauchst du Aquarellpapier. Es ist dicker und hat eine raue Oberfläche, deshalb ist es nicht für das Arbeiten mit Brush Pens geeignet. Wenn du mit Brush Pens aquarellieren möchtest, rate ich dir zu einem stärkeren, glatten Papier. 300 bis 400 Gramm stark sollte es mindestens sein.

Übrigens gibt es alle Papiere – also Skizzen-, Zeichen-, Aquarell-, Marker- und Rasterpapiere – auch als Skizzenbuch gebunden.

Transparentpapier ist praktisch, um erste Entwürfe zu überarbeiten und sie Schritt für Schritt zu verändern. Es eignet sich ideal, um Buchstaben oder Linien durchzupausen. Hier gilt: je dünner das Papier, desto besser der Durchblick. Zur Skizzenübertragung auf andere Untergründe kann es ebenfalls verwendet werden. Wie das geht, zeige ich noch.

Transparentpapier ist als Block, in Einzelbögen und von der Rolle erhältlich. Ich bevorzuge das Papier von der Rolle, so kann ich immer genau so viel abreißen, wie ich benötige. Ihr seht schon, hier kommt wieder der Nachhaltigkeitsgedanke durch. Seit Jahren bin ich zufrieden mit der Hochtransparentpapier-Rolle »DaCapo« von Schoellershammer ($40 g/m^2$).

Transferpapier sei kurz erwähnt. Es dient der Motivübertragung auf andere Untergründe und ist daher äußerst praktisch. Auch das werde ich noch näher erläutern.

1 Zum Reinkommen

Unsere Handschrift

Egal, ob groß oder klein, breit oder schmal, geschwungen oder gerade, verschnörkelt oder klar, in Rechts- oder Linkslage: Unsere Handschrift ist einzigartig und individuell. Sie ist unverwechselbar, es gibt keine zweite Person auf der Welt mit genau der gleichen Handschrift. Wenn jemand aus meiner Familie eine handgeschriebene Nachricht hinterlässt, weiß ich genau, wer sie verfasst hat, auch ohne Signatur.

Mit unserer Handschrift ist ein emotionaler Wert verbunden, der mit gedruckten Worten nicht erreicht wird. Beispielsweise lassen sich mit einer handgeschriebenen Kondolenzkarte besser Gefühle transportieren. Jede handgeschriebene Nachricht macht deine Mitteilung persönlicher!

Kürzlich sind mir beim Aufräumen meine ersten Liebesbriefe aus der »Willst-du-mit-mir-gehen-Zeit« in die Hände gefallen. Sie sind mit dem Füller in mühevoller »Sonntagsschrift« geschrieben und mit Herzen verziert. Mir gefällt der Gesamteindruck von Schreibschrift und blauer Tinte. In einem der Briefe heißt es allerdings: »Ich schreibe in roter Schrift, denn Rot ist die Farbe der Liebe.« Schööön! Besondere Briefpapiere haben den individuellen Charakter zusätzlich unterstrichen.

Ich genieße zwar die Vorzüge der Digitalisierung, doch wenn ich diese alten Briefe in der Hand halte, freue ich mich, dass wir zu dieser Zeit noch keine Social-Media-Angebote nutzen konnten. Die schönen Zeilen hätten mir heute kein zweites Mal eine Freude bereiten können, sie wären längst gelöscht.

Unsere Handschrift gehört zu unserer Persönlichkeit, genauso wie unsere Stimme. Beide besitzen Merkmale, die wir im Detail verändern können. Wir können beispielsweise unsere Stimme verstellen, hohe und tiefe Tonlagen erreichen. Auch unsere Handschrift können wir abwandeln. Schreibe ein Wort oder einen Satz auf unterschiedliche Arten. Probiere mehrere Varianten, zum Beispiel »geschwungen«, »in Linkslage«, »schmal« oder auch »normal«, aus – es macht Spaß!

Diese wichtige Notiz zeigt eindeutig die Handschrift meines Jüngsten.

HAVE A NICE DAY!

Have a nice day!

have a nice day!

Have a nice day!

have a nice day!

HAVE A NICE DAY!

Have a nice day!

have a nice day!

Have a nice Day!

have a nice day!

Wie kannst du deine Skizze übertragen?

Meist verwendet man in der Entstehungsphase eines Letterings Skizzenpapier. Du ziehst Hilfslinien und radierst, das Papier wird unansehnlich. Nun soll der gelungene Entwurf in den gleichen Proportionen auf ein schönes, neues Blatt Papier übertragen werden, ohne dass sich auch nur eine Linie verändert. Kennst du das? Kein Problem! Stehen Position und Größe deiner Buchstaben fest, kannst du mit der Übertragung beginnen. Hierfür stelle ich dir vier Methoden vor.

Methode 1 – Fensterscheibe

Diese Methode kennt wahrscheinlich jeder. Als Kind habe ich sie oft genutzt. Man benötigt weder besondere Papiere noch Werkzeuge, nur Tageslicht und ein Fenster. Und so geht's:

1 Fixiere deine Vorlage mit einem gut wiederablösbaren Klebeband (siehe Material, Seite 41) an einer Fensterscheibe.

1 Zum Reinkommen

2 Lege nun dein »gutes« Blatt Papier in richtiger Position darüber und fixiere es ebenfalls mit Klebeband. Das Tageslicht lässt deine Skizze durch das zweite Papier durchscheinen. Achtung: je dunkler das Papier, desto schlechter die Sicht!

3 Jetzt kannst du die Konturen mit Stiften deiner Wahl nachziehen. Wenn alle Linien nachgezeichnet sind, kannst du die Papierbögen vorsichtig ablösen. Nun kannst du das Werk am Tisch weiter ausarbeiten oder es kolorieren.

Methode 2 – Light Pad

Für diese Methode benötigst du ein Light Pad, eine Leuchtplatte. Sie gehört zwar nicht zum dringend erforderlichen Zubehör für das Handlettering, aber das Arbeiten damit ist sehr praktisch. Ihr LED-Licht beleuchtet die Oberfläche, deine Vorlage scheint durch ein darüberliegendes Papier hindurch, und du kannst das Motiv nachziehen – im Prinzip genauso wie mit Tageslicht an der Fensterscheibe. Im Gegensatz dazu kannst du bequem im Sitzen am Tisch zeichnen. Egal, zu welcher Tages- oder Nachtzeit, denn du bist nicht auf die Sonne angewiesen. Die meisten Leuchtplatten sind sehr dünn, leicht und haben ein dimmbares Licht. Eine Version in der Größe A4 bekommst du bereits für knapp 20 Euro.

Wie kannst du deine Skizze übertragen?

1. Fixiere auch hier deine Vorlage mit einem gut wiederablösbaren Klebeband auf dem Light Pad.

2. Lege dein »schönes« Blatt Papier darüber und richte es in der gewünschten Position aus. Das Papier sollte an den Ecken oder an den Kanten ebenfalls mit Klebeband befestigt werden, damit nichts verrutscht. Wenn du das Gerät einschaltest, siehst du dein Motiv durch das Blatt Papier scheinen.

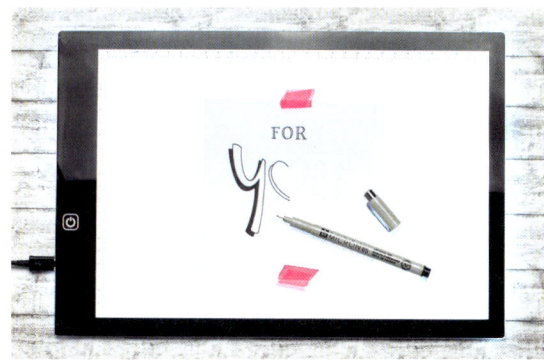

3. Zeichne jetzt die durchschimmernden Linien nach. Verwende Fineliner oder andere Stifte, die du für deine Reinzeichnung wünschst.

Methode 3 – Transferpapier

Für die Übertragung eines Motivs auf unterschiedliche Materialien wie Papier, Holz, Textil, Stein oder Karton kannst du ein sogenanntes Transferpapier verwenden. Es ist auch als Kohle- oder Grafitpapier bekannt. Die Anwendung ist einfach:

1 Lege das Transferpapier mit der beschichteten Seite nach unten auf die gewünschte Oberfläche für das Lettering. Hier ist es ein Notizbuch, das verziert werden soll. Nun richtest du das Motiv auf dem Transferpapier aus und fixierst es am Untergrund. Es ist wichtig, dass nichts verrutscht.

2 Anschließend zeichnest du alle Linien und Konturen der Skizze mit einem möglichst spitzen Stift nach. Dadurch überträgt sich das Motiv auf den Untergrund. Du solltest etwas Druck auf deinen Stift ausüben, damit sich alle Linien gut abzeichnen. Achte außerdem darauf, dass du deine Hand beim Abstützen nicht zu stark auf die Fläche legst – dadurch kann sich Grafit an unerwünschten Stellen ablagern.

Verwende einen Buntstift zum Nachfahren der Linien. So siehst du immer genau, welche Stellen schon übertragen wurden und welche noch nicht. Fehlen später Linien, ist es schwierig, die Skizze wieder genau gleich zu positionieren.

3 Entferne die Skizze und das Transferpapier. Jetzt bekommt das Motiv seinen endgültigen Schliff. Ungewollte Grafitabdrücke kannst du mit einem Radiergummi entfernen. Achtung: Beim Kauf von Transferpapier solltest du darauf achten, dass sich die übertragenen Grafitlinien wegradieren lassen. Ich empfehle dir das Transferpapier von Saral. Es ist in mehreren Farben erhältlich.

Das fertige Notizbuch bekommt meine Nichte Ida.

Methode 4 – Transparentpapier

Wie der Name schon verrät, ist dieses Papier transparent. Du legst es einfach auf deine Skizze und zeichnest alle gewünschten Linien durch. Ich verwende es oft, um Details einer Skizze zu verändern, indem ich nur Teile davon durchzeichne und sie dann um neue Linien ergänze. So entstehen neue Entwürfe. Wenn an deiner Skizze alle Änderungen abgeschlossen sind und du mit allen Linien zufrieden bist, kann die Übertragung auf ein neues, weißes Blatt Papier beginnen.

1 Fixiere das Transparentpapier auf deiner Skizze mit Klebeband. Damit verhinderst du, dass sich das Motiv verschiebt. Zeichne nun alle Linien durch, die in deinem Lettering sichtbar sein sollen.

2 Wende das Transparentpapier und ziehe alle Linien satt mit dem Bleistift auf der Rückseite nach, damit sich die Grafitschicht später gut abdrücken kann. Hierzu sollte dein Bleistift nicht härter als HB sein. Optimal für das Nachzeichnen finde ich die Härtegrade HB und B.

Wie kannst du deine Skizze übertragen?

Wenn du zum Umranden später nicht Schwarz, sondern einen anderen Farbton verwenden möchtest, solltest du die rückseitigen Linien mit einem gleichfarbigen Buntstift nachziehen. Eine Linie »Ton in Ton« fällt nicht so auf wie eine »hässliche« Bleistiftlinie, die beispielsweise unter einem leuchtenden Orange hervorlugt oder durchschimmert. Dies funktioniert übrigens auch mit einem weißen Buntstift, dessen Linien auf einen dunklen Untergrund abgedrückt werden sollen. Sie können dann mit einem weißen Gelstift oder Lackmarker nachgearbeitet werden.

3 Wende das Transparentpapier wieder, positioniere und fixiere es mit Klebeband auf deinem weißen Papier. Zeichne nun erneut alle Linien nach. Übe etwas Druck auf deinen Stift aus, damit die Grafitschicht gut sichtbar wird. Hierfür sollte dein Stift nicht zu weich sein. Ein Bleistift mit dem Härtegrad HB, H oder F ist geeignet, ebenso ein Kugelschreiber. Da es nur um den Abdruck der Linien geht, kann die Kugelschreibermine auch leer sein. Du könntest auch einen anderen, nicht zu spitzen oder scharfkantigen Gegenstand verwenden, zum Beispiel eine Häkelnadel.

1 Zum Reinkommen

4 Löse vorsichtig die Klebestreifen ab und entferne das Transparentpapier.

5 Jetzt lassen sich die durchgedrückten Linien mit beliebigen Stiften nachziehen.

trage immer einen grünen Zweig im Herzen, es wird sich ein Singvogel darauf niederlassen.

aus China

Die Buchstaben

Die Anatomie der Buchstaben

Für die Gestaltung von Buchstaben und Schrift ist etwas Fachwissen nützlich. Beim Handlettering gelten zwar nicht so viele Regeln wie in der Kalligrafie und der Typografie, dennoch kommen wir nicht ohne einige Grundlagen aus. Sie unterstützen dich beim Konstruieren deiner Buchstaben. Bevor wir also mit dem praktischen Handlettering-Teil beginnen, möchte ich dir einige wichtige Begriffe kurz erläutern.

Buchstaben haben ein Skelett und einen Körper, sie bestehen also aus Knochen und Fleisch. Daher spricht man von der Anatomie der Buchstaben. Manche Begriffe stammen vom Körperbau des Menschen.

Stamm
Hauptstrich eines Buchstabens

Arm
Waagerechter oder schräg aufsteigender Strich, der am Stamm beginnt und frei endet wie bei F, E, K (Arm und Bein)

Bein
Schräg abfallender Strich, der frei endet wie bei K, R

Schulter
Obere Abrundung eines Buchstabenteils wie bei m, n, h

Bauch
Abgerundeter Teil eines Buchstabens wie bei p, d

Geschlossene Punze/Auge
Geschlossene Innenfläche eines Buchstabens wie bei o, p, d

Offene Punze
Nicht vollständig geschlossene Innenfläche eines Buchstabens wie bei c, s

Ligatur
Verbindung von zwei bis drei Buchstaben zu einer Einheit wie bei ff, ft, fi

Serifen
Kleine Linien, meistens am Anfang und am Ende der Hauptstriche. Sie verlaufen quer zur Laufrichtung des Hauptstriches.

Punkt
Kreisförmige Fläche. Aus gestalterischen Gründen kann es auch ein Strich sein wie bei i, j, ü

Tropfen
Runde bzw. tropfenförmige Endung einer Linie. Sie steht anstelle der kleinen Striche bei den Serifenschriften.

2 Die Buchstaben

Scheitel
Punkt zwischen aufsteigender Linie und abfallender Linie wie bei M, A

Sohle
Punkt zwischen abfallender Linie und aufsteigender Linie wie bei W

Querstrich
Waagerechter Strich zwischen zwei Schenkeln wie bei A, H

Ligaturen, also Verbindungen von zwei bis maximal drei Buchstaben zu einer Einheit, verwendet man, um Lücken zwischen den Buchstaben zu vermeiden. Das verbessert die Lesbarkeit. Sie dienen aber auch zur Zierde und lassen sich besonders im Handlettering dekorativ verwenden.

Ligatur von drei Buchstaben

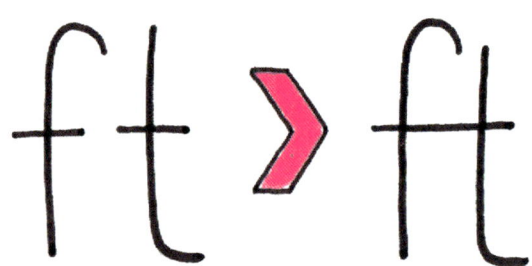

Eine sehr bekannte Ligatur ist das &-Zeichen. Es ist aus dem lateinischen Wort »et« (und) entstanden – genauer gesagt aus der Zusammensetzung der Buchstaben e und t.

Die Schriftschnitte

Schriftschnitte sind Varianten einer Schriftart. Ihren spezifischen Charakter bekommen sie durch drei Merkmale einer jeden Schrift: die Schriftstärke, die Schriftbreite und die Schriftlage.

Diese Merkmale sollen die Bedeutung eines Wortes und seine Wichtigkeit unterstreichen. Ein Wort in einer fetten Schriftstärke und einer breiten Schriftbreite gewinnt allein durch diese Eigenschaften an Gewicht.

Kursiv bedeutet: schräg, nach rechts geneigt. Bei einer kursiven Schrift befinden sich die Buchstaben in einer einheitlichen Rechts-Lage. Der Neigungswinkel kann bis zu 45 Grad betragen.

Wenn du dein Blatt Papier etwas nach links drehst, fällt es dir leichter, kursive Buchstaben entstehen zu lassen. Du zeichnest die Buchstaben dann quasi aufrecht.

Einen Zettel mit dieser Aufschrift benötige ich immer für eine Schale Kartoffelsalat, die für den nächsten Tag bestimmt ist. Meistens ergänze ich ihn außerdem mit Totenkopf-Symbolen, um den Worten noch mehr Nachdruck zu verleihen.

2 Die Buchstaben

Die grundlegenden Schriftstile

Wir beginnen mit den drei grundlegenden Schriftstilen **Serif**, **Sans Serif** und **Script**. Sie dienen uns als Basis, um neue Alphabete zu entwerfen. Dazu solltest du das Zeichnen der Grundform üben.

SERIF

MIT SERIFEN

SANS SERIF

OHNE SERIFEN

SCRIPT

DEKORATIVE HANDSCHRIFT

Serif

Bei diesem Schriftstil haben die Buchstaben Serifen. Serifen sind kleine Linien, meistens am Anfang und am Ende der Hauptstriche von Buchstaben. Sie bilden den Abschluss eines Buchstabens. Ursprünglich hat man sie eingesetzt, um die Lesbarkeit zu erleichtern. Serifenschriften findet man häufig in Büchern.

Es gibt unterschiedliche Arten von Serifen:

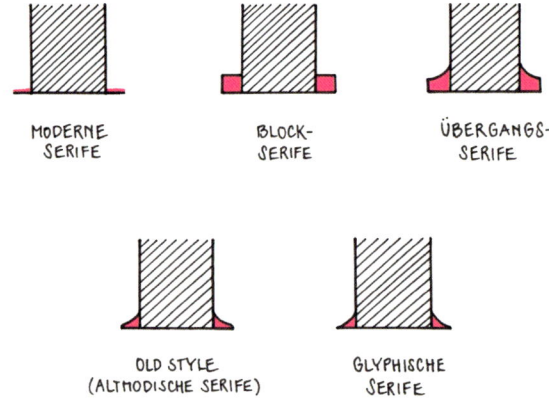

MODERNE SERIFE

BLOCK-SERIFE

ÜBERGANGS-SERIFE

OLD STYLE (ALTMODISCHE SERIFE)

GLYPHISCHE SERIFE

Du kannst sie auf ganz unterschiedliche Art und Weise anwenden. Hier siehst du einige Beispiele:

Sans Serif

Sans bedeutet »ohne«. Buchstaben in Sans Serif haben keine kleinen Linien an den Hauptstrichen. Schriften in Sans Serif findet man häufig im digitalen Bereich, denn Buchstaben ohne kleine Striche oder Linien sind auf Bildschirmen besser zu lesen.

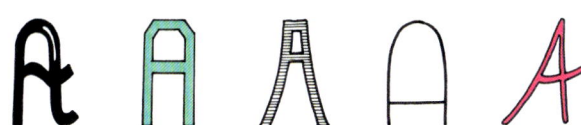

Dieser Schriftstil hat zwar einen schlichteren Aufbau im Gegensatz zur Serifenschrift, aber auch hier gibt es unzählige Möglichkeiten der kreativen Umgestaltung.

Script

Mit Script ist die Hand- und Schreibschrift gemeint. Man bezeichnet sie auch oft als dekorative Schrift. Dazu gehören auch das Brush Lettering (siehe Seite 80) und die sogenannte Faux Calligraphy (siehe Seite 82). Bei der Schreibschrift sind die Buchstaben eines Wortes miteinander verbunden. Auch dieser Stil bietet unendlich viele Gestaltungsvarianten.

Aus diesen drei grundlegenden Schriftstilen können wir viele neue Buchstaben entwerfen.

STIFTE-
REGAL
VON
LEON
UND
ROMAN.
DANKE.

3 Regeln und Regeln brechen

3 Regeln und Regeln brechen

Das Liniensystem

Kommen wir nun zu den wenigen Regeln, die für eine gute Lesbarkeit von Wörtern wichtig sind. Um mehrere Buchstaben mit gleichen Proportionen zu konstruieren, ist es nützlich, einige Hilfslinien zu zeichnen. Verändert man den Abstand der parallel zueinander angeordneten Hilfslinien, dann verändert man die Buchstabenhöhe. Die Höhe und auch die Buchstabenbreite sind entscheidend für das optische Erscheinungsbild eines Wortes und seine Wirkung. Das Liniensystem besteht aus vier bis fünf Linien:

- Auf der **Grundlinie** stehen die Buchstaben.
- Die Distanz zwischen der Grundlinie und der **x-Linie** (Mittellinie) bestimmt die Höhe der Kleinbuchstaben.
- Die Großbuchstaben (Versalien) werden bis zur **H-Linie** gemessen, ebenso die **Oberlängen** von Kleinbuchstaben wie bei h, t oder k. Bei einigen Schriften allerdings ragt die Oberlänge der Kleinbuchstaben etwas über die H-Linie hinaus. Sie endet dann an der **k-Linie** (siehe nächstes Thema). Für das **Handlettering** wird diese Linie **nicht zwingend** benötigt, da die Buchstabenhöhen sowie ihre Ober- und Unterlängen frei wählbar sind.
- Die **Unterlänge** von Kleinbuchstaben wie j oder g endet an der **p-Linie**.

Die Geometrie der Buchstaben

Die Großbuchstaben unseres Alphabets sind ursprünglich aus den geometrischen Grundformen Quadrat, Dreieck und Kreis konstruiert. Einige Buchstaben bestehen aus einer Kombination der Formen. Eine rechteckige Form haben zum Beispiel die Buchstaben »H« und »E«, eine dreieckige Form sieht man unter anderem in den Buchstaben »A« und »V«, eine runde oder abgerundete Form kann man in den Buchstaben »O« und »C« erkennen. Buchstaben wie »M« und »W« bestehen aus einer Kombination der Formen.

Stellt man die drei Formen in gleicher Höhe auf die Grundlinie, wirken der Kreis und das Dreieck kleiner als das Rechteck. Das liegt daran, dass das Rechteck die Grundlinie und die H-Linie mit seiner ganzen Breite berührt, das Dreieck und der Kreis hingegen nicht. Um diese optische Täuschung auszugleichen, vergrößert man die kleiner wirkenden Formen bzw. die Buchstaben. Das heißt, dass diese Buchstaben geringfügig über die H-Linie hinausragen. Das gilt auch für die Oberlängen von Kleinbuchstaben.

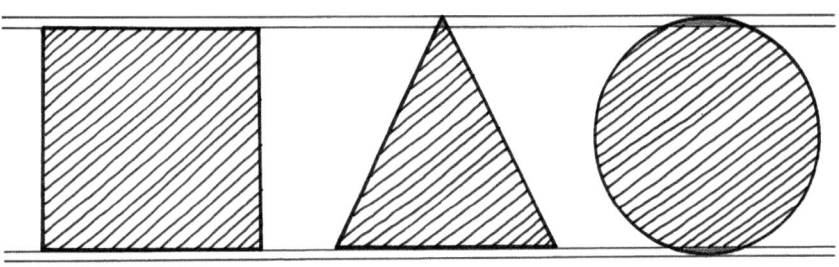

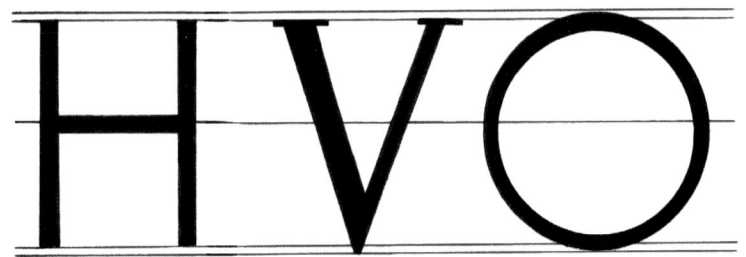

Unicase-Schriften

Unicase-Schriften verfügen nicht über die gemischte Anordnung von Groß- und Kleinbuchstaben. Hier haben die Kleinbuchstaben die Höhe der Großbuchstaben (Versalhöhe). Besonders populär waren diese Schriften in den 60er-Jahren. Man verwendet sie auch heute noch, um eine Schrift interessant aussehen zu lassen – besonders im Handlettering.

Kapitälchen

Kapitälchen sind Buchstaben, die die Gestalt von Großbuchstaben haben, aber in der Höhe der Kleinbuchstaben (x-Höhe) gezeichnet werden. Man verwendet sie überwiegend dazu, einzelne Wörter wie Namen oder Buchtitel hervorzuheben.

UNiCaSE   KAPITÄLCHEN

Mit Abstand am besten

Auch die schönsten Buchstaben wirken mit ungleichmäßigen, zu großen oder zu kleinen Abständen unharmonisch. Wir unterscheiden zwischen dem Buchstabenabstand, dem Wortabstand und dem Zeilenabstand. Der **Buchstabenabstand** bestimmt den Raum zwischen zwei Buchstaben. Mit dem **Wortabstand** ist der Raum zwischen zwei Wörtern gemeint. Den Abstand zwischen den Grundlinien aufeinanderfolgender Zeilen nennt man **Zeilenabstand**. Als **Laufweite** bezeichnet man die waagerechte Ausdehnung einer Schrift. Sie wird vom Buchstabenabstand und von der Dicke der einzelnen Buchstaben bestimmt.

Der Buchstabenabstand (auch Zeichenabstand genannt) hat Einfluss auf die Lesbarkeit einer Schrift. Weil es Unterschiede in der Form der Buchstaben und in der Kombination einzelner Buchstaben gibt, variieren auch die Abstände. Idealerweise haben die Buchstaben einen optisch gleichmäßigen Abstand zueinander. So ergibt sich ein ausgewogenes Gesamtbild. Der Buchstabenabstand orientiert sich an der Breite des Buchstabeninnenraums. Eine Faustformel der Typografie besagt: Je kleiner ein Buchstabeninnenraums ist, desto kleiner ist auch der Buchstabenabstand.

Wird die Buchstabenform verändert, ändert sich auch die Größe seines Innenraums. Somit ändert sich auch der Buchstabenabstand.

Für ein optisch schönes Gesamtbild und eine gute Lesbarkeit der Wörter solltest du auf ausgewogene und gleichmäßige

3 Regeln und Regeln brechen

Abstände achten. Bei zu kleinen Abständen können die Buchstaben gequetscht wirken, bei zu großen Abständen entstehen Lücken, die ein Wort zerteilen können.

    Auch die Wortzwischenräume sollten nicht zu groß oder zu klein sein. Zu große Lücken würden einen gesamten Satz zerreißen, zu kleine Lücken führen zu einer Verschmelzung der Wörter.

Das Gleiche gilt auch für den Zeilenabstand. Ist er zu groß, führt dies zu einer Trennung innerhalb des Textes. Ist er zu klein, lässt sich ein Text schlechter lesen.

Die Sonne lacht. ✓

Die Sonne lacht. ✗

Die Sonnelacht. ✗

Bounce Lettering

Buchstaben in gleichmäßigen Abständen und Proportionen, nach den Regeln des Liniensystems gestaltet, sehen sehr sauber und ordentlich aus – manchmal vielleicht zu perfekt und dadurch schnell eintönig. An dieser Stelle ist es an der Zeit, die Regeln zu brechen und etwas Bewegung ins Spiel zu bringen. Womit wir auch schon beim Begriff »Bounce« sind. Übersetzt bedeutet »Bounce«: Sprungkraft, Schwung, hüpfen … Beim Bounce Lettering geht es darum, die Buchstaben »hüpfen« und »tanzen« zu lassen. Dabei verlassen einige Bereiche der Buchstaben die Grundlinie und springen nach oben oder unten. Das verleiht den Wörtern mehr Dynamik und lässt Schriftzüge interessanter wirken. Wie das aussehen kann, zeige ich dir hier:

1   Die Buchstaben im Script-Stil sind an den Hilfslinien ausgerichtet. Ober- oder Unterlängen ragen nicht über die vorgesehenen Linien hinaus.

2   Um die Buchstaben »tanzen« zu lassen, werden die Auf- und Abwärtsstriche der Buchstaben höher und tiefer gezogen. Vor diesem Schritt solltest du dir deshalb genau ansehen, um welche Linien es sich handelt.

3 Regeln und Regeln brechen

3 Nun ziehst du einzelne Auf- und Abwärtsstriche über die Hilfslinien hinaus. Damit erreichst du den gewünschten Bounce-Effekt.

4 Gestalte dein Wort oder auch einen ganzen Schriftzug mit beliebigen Stiften und Farben. Auch andere Techniken können ergänzt und kombiniert werden.

Achte auch hier darauf, dass die Abstände zwischen deinen Buchstaben sowie die Flächen der Buchstabeninnenräume ein harmonisches Gleichgewicht bilden. Das erreichst du, wenn sich deine Buchstaben zum größten Teil im Bereich der x-Höhe befinden und nur die Ober- und Unterlängen weiter herausragen.

    Damit das Wort nicht kippt, sollte sich der erste und der letzte Buchstabe auf derselben Ebene befinden. Aber selbstverständlich gibt es auch gewollte Ausnahmen von diesen »Regeln«, denn du weißt ja: Beim Handlettering ist alles erlaubt.

Bounce Lettering

Natürlich kannst du auch andere Schriftstile »tanzen« lassen ...

4 Alphabete und alles drumherum

4 Alphabete und alles drumherum

Serifenlose Schrift

Serifenlose Schriften sind einfach zu zeichnen. Sie wirken zeitlos und modern und lassen sich wunderbar mit Script-Schriften wie dem Brush Lettering oder der Faux Calligraphy kombinieren. Außerdem sind serifenlose Buchstaben sehr wandelbar. Wie man sie kreativ verändern kann, zeige ich dir im nächsten Kapitel. Beachte die Linienführung beim Zeichnen der Buchstaben.

ABCDEF
GHIJKL
MNOPQR
STUVW
XYZ

4 Alphabete und alles drumherum

Serifenschriften

Wie bereits erwähnt, sind Serifen kurze Linien, die meistens quer zur Grundrichtung eines Buchstabens verlaufen und ihn damit sozusagen abschließen. In diesem Buch haben wir schon einige unterschiedliche Serifen kennengelernt. Serifenschriften dienen einer besseren Lesbarkeit von langen Texten. Sie wirken elegant und edel. Auf Einladungskarten zu besonderen Anlässen kommen sie schön zur Geltung. Die Abbildung zeigt ein Alphabet mit moderner Serife.

Besonders gut gefällt mir auch die sogenannte Tropfenserife. Sie wirkt verspielt elegant. Ihr Strichabschluss ist tropfenförmig. Die Tropfen können auch kreisrund sein. Das freie Ende einer gebogenen Linie endet mit einer Verdickung. Meistens ist dies bei den kleinen Buchstaben a, c, f, g, j, r und y der Fall.

a b c d e f g
h i j k l m n
o p q r s t u
v w x y z

4 Alphabete und alles drumherum

Brush Lettering

Das Brush Lettering ist eine Schreibschrift mit unterschiedlichen Strichstärken. Man sieht sie häufig auf Menütafeln und Schildern. Die Buchstaben eines Wortes sind miteinander verbunden. Geschrieben wird mit einem Pinsel (= Brush) bzw. einem Pinselstift (= Brush Pen). Ja, du liest richtig: Alle zusammenhängenden Buchstaben im Script-Stil werden geschrieben und nicht gezeichnet wie alle anderen Buchstaben beim Handlettering.

Der Kontrast aus dicken und dünnen Linien macht das Brush Lettering so beliebt. Diese dynamische Optik kennen wir aus der klassischen Kalligrafie. Die Pinselschrift ahmt sie nach. Durch unterschiedlich viel Druck auf die Pinselspitze erzeugst du dünne und dicke Linien. Und so funktioniert's: Führt eine Linie in deinen Buchstaben aufwärts, dann gib so wenig Druck wie möglich auf die Pinselspitze. So erhältst du dünne Linien. Wenn du hingegen eine Abwärtsbewegung in deinen Buchstaben schreibst, gib viel Druck auf die Spitze, damit dicke Linien entstehen. Je stärker der Druck, desto dicker wird der Strich.

Um diese Technik zu erlernen, ist viel Übung nötig. Sehr viel Übung! Indem du die Bewegung mit dem Stift oder dem Pinsel möglichst oft wiederholst, trainierst du dein Gehirn und deine Handmuskeln. Damit gehen diese Abläufe in dein Muskelgedächtnis über, und bald drückst du die Pinselspitze automatisch an den richtigen Stellen, ohne darüber nachzudenken. Stehst du am Anfang, schreibe l a n g s a m. Schreibe jeden Buchstaben einzeln, mache eine Pause und setze dann den nächsten Buchstaben an den vorherigen an.

Aufwärtsstrich – dünn, Abwärtsstrich – dick

hello

Achte darauf, dass die Achsen deiner senkrechten Linien parallel zueinander verlaufen. Dies ist wichtig für ein schönes Schriftbild und eine gute Lesbarkeit der Wörter.

Hoch (Aufwärtsstrich) – dünn!
Runter (Abwärtsstrich) – **dick**!

abcdefg
hijklmn
opqrstu
vwxyz

4 Alphabete und alles drumherum

Faux Calligraphy

Eine einfache Methode, ohne den Einsatz einer Feder oder eines »Brush Pen« einen kalligrafischen Effekt zu erzielen, ist die sogenannte Faux Calligraphy. Sie wird auch als »falsche Kalligrafie« oder »Fake Calligraphy« bezeichnet. Bei dieser Technik ahmst du die charakteristischen dicken und dünnen Linien der Buchstaben ganz simpel mit einem Fineliner nach. Und so funktioniert's:

1   Schreibe dein gewünschtes Wort im Script-Stil mit einem Fineliner. Achte auf gleichmäßige Abstände zwischen den Buchstaben und lass Platz in den Schlaufen und Innenräumen von Buchstaben wie e, l, o, h etc.

2   Ziehe nun eine parallele Linie zu allen Abwärtsstrichen deiner Buchstaben. Auf welche Seite du sie setzt, ist nicht entscheidend. Wichtig ist, dass die »Dopplung« der Linien die gleichmäßige Verteilung der Buchstabenabstände nicht verschiebt.

3   Nun füllst du die entstandenen Zwischenräume aus. Der Eindruck von dicken Strichstärken entsteht.

4   Natürlich kannst du die Zwischenräume auch farbig ausfüllen oder mit Mustern dekorieren.

A B C D E F G
H I J K L M N
O P Q R S T U
V W X Y Z

Western-Look

Eine tolle Schrift! Wahrscheinlich mag ich sie so gern, weil ich Westernfilme liebe.

Ihre fetten Querstriche und Serifen machen sie so auffällig. Wenn du Wörter besonders hervorheben möchtest, kannst du das mit dieser Schrift erreichen. Die Serifen lassen sich auf unterschiedliche Weise dekorativ gestalten.

Eine genaue Anleitung zum Erstellen von Blockbuchstaben findest du im nächsten Kapitel.

Konstruktion eines Buchstabens im Western-Look

ABCDEFG
HIJKLMN
OPQRSTU
VWXYZ

4 Alphabete und alles drumherum

Stencil-Schrift

Stencil-Schriften, also Schablonen-Schriften, gehören für mich zu den wichtigsten Basisschriften. Ich fand sie als Kind schon cool, ich erinnere mich an Wörter wie »Vorsicht«, »Achtung« und »Danger« in Schablonen-Schriften auf irgendwelchen Kisten und Kartons. Die Buchstaben werden mithilfe von Schablonen und Sprühfarbe aufgetragen. Charakteristisch für Stencil-Schriften sind die unterbrochenen Linien in den Buchstaben. Beim Schneiden einer Schablone müssen an vielen Stellen der Buchstaben Stege stehenbleiben, damit Punzen nicht herausfallen. Für das Handlettering können wir Stencil-Schriften auch ohne Schablone erzeugen. Stencil-Schriften sind schlicht und sachlich. Sie können serifenlos sein oder Serifen haben.

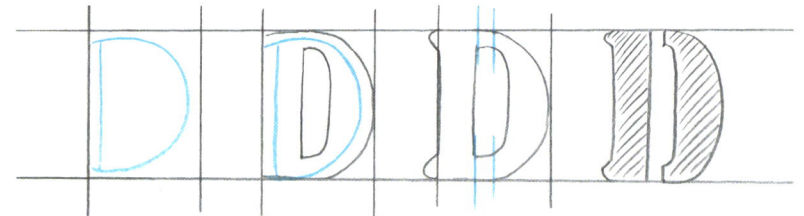

Die Abbildung zeigt die Stellen der sichtbaren Unterbrechungen.

ABCDEFG
HIJKLMN
OPQRSTU
VWXYZ

4 Alphabete und alles drumherum

Bootcut

Folgendes Szenario hat sich gerade zugetragen: Im Radio läuft der Lieblingssong von meiner Freundin Kerstin und mir, »Car Wash«. Nichts hält mich auf meinem Stuhl. Nach der Tanzeinlage bin ich mental immer noch in den 70er-Jahren, ich denke an Plateaustiefel und Schlaghosen. Die Schlaghose (= Stiefelschnitt/Bootcut) ist meine Inspiration für dieses Alphabet. Oben schmal, unten weit.

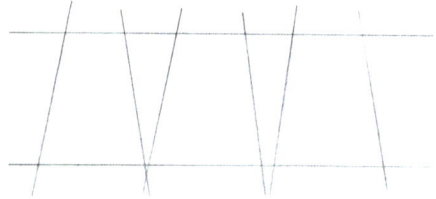

1 Hilfslinien in Gestalt der Bootcut-Form.

2 Buchstaben in die Form skizzieren. Ich habe zur Verdeutlichung einen Buntstift verwendet. Zeichne diesen Schritt mit einem Bleistift, damit du die Linien leicht wieder entfernen kannst.

3 Ausfüllen der Form mit dem Buchstabenkörper.

4 Nach dem Entfernen deiner Grundbuchstaben bleibt die fertige Buchstabenform.

ABCDEFGH
IJKLMNO
PQRST
UVWXYZ

4 Alphabete und alles drumherum

Be-leaf me

Zu diesem Blätter-Alphabet hat mich die Natur inspiriert. Es ist sehr schlicht und schnörkellos – und lässt sich sehr simpel zeichnen.

So einfach sind die Buchstaben konstruiert.

Mit dieser Schrift wird ein einzelnes Wort oder ein Name zum schönen Blickfang.

4 Alphabete und alles drumherum

Hurry up!

Wie ich schon erwähnt habe, gefallen mir oft Entwürfe und Skizzen, die »nur mal eben so«, also beiläufig und quasi aus Versehen entstanden sind – oder eine Notiz, in Windeseile geschrieben. Diesen Fall hatte ich schon sehr oft, so auch hier bei diesen Buchstaben. Man könnte auch von »Speed Lettering« sprechen.

Mit ausgestreckten Armen und in einem (eigentlich) absolut unmöglichen Schreibwinkel wollte ich lediglich die Buchstaben-Zeilen-Proportion ausprobieren. Später, so schräg von der Seite betrachtet, gefielen mir die salopp skizzierten Buchstaben derart gut, dass sie an dieser Stelle einen Alphabet-Platz erhalten.

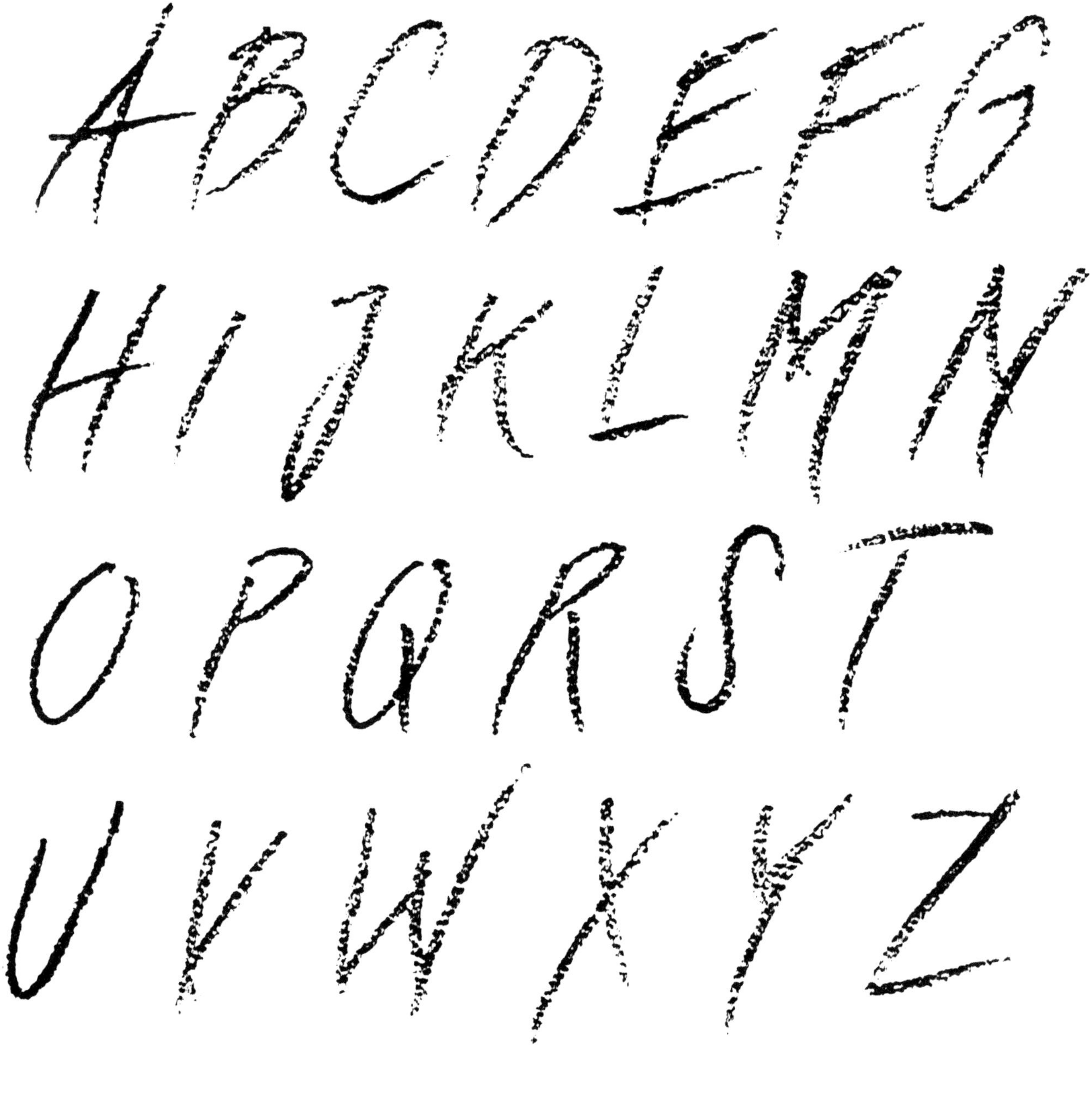

ABCDEFG
HIJKLMN
OPQRST
UVWXYZ

4 Alphabete und alles drumherum

Bretterbude

Bau dir ein Alphabet wie ein Lattenzaun. Brett für Brett. Krumm und schief. Oder akkurat und gerade. Wie du möchtest. In der Schule war Werken mein absolutes Lieblingsfach. Leider wurde es nur im Wechsel mit »Handarbeiten« erteilt. Ich mochte es sogar noch lieber als Kunst. Aber eigentlich ist doch klar, dass Werken nicht ohne die Kunst auskommt. Denn vor der technischen Umsetzung kommt die Entwurfsplanung. Mein Praxis-Semester in einer Tischlerei war das Paradies für mich. Fast wäre ich dort geblieben. Du brauchst aber weder einen Hammer noch Nägel, um dein Bretter-Alphabet zu zimmern. Stift und Papier genügen.

Hier siehst du den einfachen Bauplan.

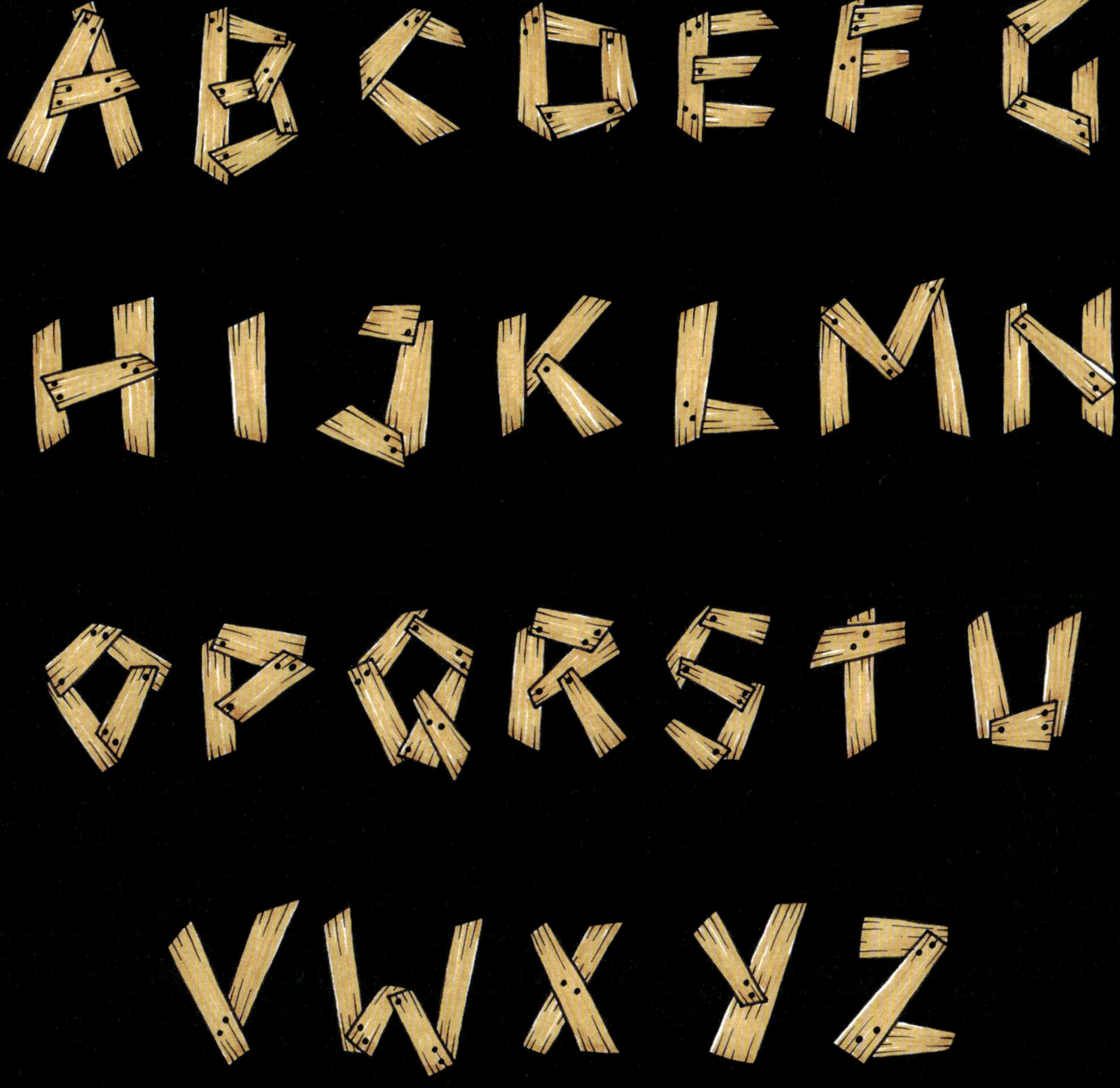

ABCDEFG
HIJKLMN
OPQRSTU
VWXYZ

4　Alphabete und alles drumherum

Dies ist ein Gastbeitrag des Graffiti-Künstlers Henri Blume (meines Sohnes). Er präsentiert vier coole Alphabete, die sowohl auf große Wände gesprüht als auch mit Markern auf Papier schön aussehen. Diese Schriften lassen sich toll in Handletterings integrieren und wirken auch als Solitär interessant. Lerne sie kennen und lass dich von ihnen inspirieren!

Throw Up Letters

Ein »Throw Up Piece« ist ein schnell gemaltes Bild, das sparsam oder gar nicht ausgefüllt ist. Alle Buchstaben haben ähnliche Farben und denselben Kopf oder Fuß. Die Buchstaben überlappen sich oft, sodass keine Lücke zwischen ihnen entsteht. Öffnungen wie beim O werden durch Striche oder Ähnliches ersetzt. Die gute Lesbarkeit spielt bei der Gestaltung dieser Buchstaben keine Rolle. Die Schrift ist deshalb nicht für Texte geeignet, sondern um einzelne Wörter zur Schau zu stellen. »Throw Ups« sind schnell und relativ einfach zu zeichnen oder zu sprühen. Durch ihre Form kann man den Graffiti-Schriftzug auch aus größerer Entfernung erkennen, weshalb sich diese Art entwickelt hat.

Die Entstehung eines Throw Up Letters

An den Buchstaben O und R des Beispielwortes »TOR« siehst du zwei veränderte Buchstabenöffnungen.

4 Alphabete und alles drumherum

Bubble Gum

Die Bubble-Schrift hat sich in den 70er-Jahren in New York aus der »Soft Letter«-Schrift entwickelt und ähnelt den »Throw Up Letters«. Die Buchstaben sind groß und plakativ, weswegen sie gerne im Graffiti verwendet werden. Ihre einfache und runde Form ist anschaulich gestaltet.

Der voluminöse, aufgeblasene Körper wird um das Buchstabenskelett gezeichnet.

4 Alphabete und alles drumherum

Graffiti-Schrift

Diese Graffiti-Schrift ist eine von vielen Möglichkeiten, Buchstaben interessanter und anschaulicher zu gestalten. In der Graffiti-Szene sind große, klare »Blockbuster-Buchstaben« sehr beliebt. In diesem Fall wurden sie mit einigen Elementen des »Wild Style« kombiniert. Die eckigen, spitzen und aggressiven Buchstabenformen haben sich in Europa Ende der 80er-, Anfang der 90er-Jahre entwickelt.

Die Buchstaben lassen sich durch zusätzliche Elemente wie Pfeile, »Kappen« oder wiederholte und angesetzte Buchstabenteile erweitern.

Ein Beispiel für die Vielseitigkeit der Graffiti-Schrift

4 Alphabete und alles drumherum

Cartoon-Schrift

Die Cartoon-Schrift ist in den 60er-Jahren entstanden und hat ihren Ursprung im Schreiben von Comics. Die Buchstaben sind abstrakt und unförmig gestaltet. Sie können auch mit Serifen verziert werden. Ihre Formen variieren von eckig und rau zu rund und soft.

Hier siehst du die Entstehung eines Buchstabens.

ABCDEF
GHIJKLM
NOPQRS
TUVWXYZ

4   Alphabete und alles drumherum

Buchstaben-Design – Entwerfen leicht gemacht!

So, nun fängt der Spaß erst richtig an! Möchtest du schöne Buchstaben nicht nur abpausen, sondern deine eigenen kreieren? Gut! Wie schon erwähnt, sind zum Zeichnen von Buchstaben manchmal Hilfslinien von Vorteil. Für den Entwurf gut geeignet ist auch Karopapier, dessen Linien ein Raster bilden. Beginnen wir mit der Grundform der Sans-Serif-Schrift in Großbuchstaben.

1 Zeichne die Buchstabengrundform in großen Lettern. Hier gibt es keine Unterlängen. Der Abstand von der Grundlinie zur x-Linie (Mittellinie) und zur H-Linie (Versallinie) ist gleich groß. Die Querbalken sollten sich immer auf der gleichen Höhe befinden. Achte auch auf optisch gleichmäßige Abstände zwischen den Buchstaben.

Buchstaben-Design – Entwerfen leicht gemacht!

2 Aus der Grundform, also dem Buchstabenskelett, wollen wir Blockbuchstaben fertigen. Dazu bekommt unser Skelett einen Körper. Für die Konstruktion des Körpers gibt es zwei Methoden.

Bei beiden Methoden sollten die Abstände zwischen den parallelen Linien ungefähr gleich sein, um eine gleichmäßige Optik zu erhalten.

Ob du deine Blockbuchstaben mit dem Fineliner ausmalst oder mit Blumen oder Mustern füllst, kannst du ganz nach Belieben entscheiden.

Methode 1

Beginne mit dem Buchstabenskelett. Ziehe dann parallele Linien auf beiden Seiten der Grundstriche des Buchstabens und fülle sie aus.

Methode 2

Zeichne wieder zuerst die Buchstabengrundform. Ziehe diesmal nur eine parallele Linie neben dem Grundstrich des Buchstabens. Bei dieser Methode solltest du darauf achten, dass sich deine parallelen Linien stets auf derselben Seite des Grundstrichs befinden, beispielsweise immer rechts oder immer links neben dem Grundstrich und immer über oder immer unter einem Querstrich eines Buchstabens.

4 Alphabete und alles drumherum

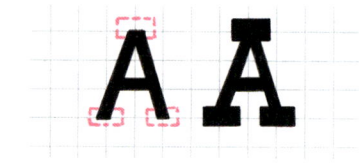

Mit sehr einfachen Blockserifen bekommen deine Blockbuchstaben schnell einen tollen Western-Style.

Verändern wir nun die Schriftschnitte, also die Schriftstärke, -breite und -lage. Du wirst sehen, dass wir ganz neue Schriften erhalten.

Fügst du zu deinen Buchstaben Serifen hinzu, erhältst du erneut ganz anders aussehende Buchstaben.

Eine weitere ganz simple, aber wirkungsvolle Veränderung erreichst du, wenn du die Position der Querbalken deiner Buchstaben versetzt.

Aha! Obwohl ich nur die Sans-Serif-Schrift verwendet habe, sehen die Buchstaben mit veränderten Schriftschnitten ganz unterschiedlich aus. Spiele einfach mit verschiedenen Stärken, Breiten, Höhen und Lagen.

Buchstaben-Design – Entwerfen leicht gemacht!

AHA AHA AHA AHA

Zeichne die Querbalken mal etwas höher und mal tiefer.

Round about

Um Buchstaben zu entwerfen, muss man mit ihren Formen experimentieren. Ein Raster kann dabei hilfreich sein. Ich zeige dir ein Beispiel, wie die Herangehensweise aussehen kann.

1 Karopapier bietet dir bereits ein Raster. Steck dir Felder für deine Buchstaben ab in beliebiger Größe. Gehe Schritt für Schritt vor, also Feld für Feld bzw. Buchstabe für Buchstabe, denn manche Buchstaben brauchen mehr Platz.

4 Alphabete und alles drumherum

2   Skizziere nun Buchstaben in deine Felder. Hierbei kannst du deine Linien verformen, abrunden, ihre Winkel verändern, verschiedene Strichstärken verwenden und vieles mehr. Die Möglichkeiten sind unbegrenzt. Probiere unterschiedliche Varianten aus.

3   Bei diesem Alphabet habe ich die Buchstaben stark abgerundet und eine parallele Linie mit etwas Abstand zur vorderen Grundlinie gezogen.

4   Die Buchstaben sind fertig. Für meine Reinzeichnung probiere ich verschiedene Muster aus, um den Zwischenraum meiner parallel gesetzten Linien zu füllen.

Love & Peace

Manchmal braucht es auch keine »Vorbereitung«, also weder Hilfslinien noch ein Raster zum Entwurf von Buchstaben. Wie du weißt, probiere ich gern neue Stifte aus. Dabei entstehen oft Zeichnungen oder Alphabete. Der folgende Schriftzug ist direkt und ungeplant mit einem neuen Filzstift entstanden. Um fettere Buchstaben zu erhalten, habe ich diverse Linien gedoppelt. Meine Skizze benötigt keine Reinzeichnung, ich finde sie auch so schön. Hier sieht man den »schnellen« Strich: Die Schrift wirkt spontan und unverbindlich.

You & Me

Wo wir gerade beim experimentellen »Stifte ausprobieren« sind, möchte ich dir ein weiteres Beispiel dazu zeigen. Hier habe ich einen Brush Pen mit extra langer und feiner Spitze »falsch« benutzt. Er wird für sehr feine Arbeiten empfohlen, ich habe ihn hingegen für sehr grobe Striche zweckentfremdet.

Außerdem habe ich mich nicht an die Brush-Lettering-Technik gehalten. Das Tolle am Handlettering ist ja, dass alles erlaubt ist. So habe ich für mich entschieden, dass dieses Lettering einen unkonventionellen und coolen Charakter hat – und das mag ich.

Durch dick und dünn

Und weil es so schön ist, neue Stifte auszuprobieren, habe ich gleich noch ein Paradebeispiel der unkonventionellen Art. Mit der breiten Keilspitze von Markern kannst du sowohl dicke als auch dünne Linien erzeugen. Verpasse deinen Buchstaben doch einfach einmal einen Zufallsmix aus dicken und dünnen Strichen. Also mir gefällt's!

Freestyle

Okay, okay! Jetzt höre ich auf, Stifte zu testen. Ich möchte dich auf andere kreative Gedanken bringen. Gestalte deine Buchstaben frei und fantasievoll. Zeichne einen Buchstaben in so vielen unterschiedlichen kreativen Varianten wie möglich. Der Schriftstil spielt dabei keine Rolle. Wie viele Möglichkeiten fallen dir ein?

Happy Birthday

Wenn du Lust hast, kannst du deine Buchstaben auch mal bildlich darstellen. Gib ihnen einen thematisch passenden Look.

4 Alphabete und alles drumherum

Licht und Schatten

Sobald deine Buchstaben einen Schatten bekommen, werden sie plastisch. Bevor ich dir unterschiedliche Schattierungen für das Handlettering zeige, möchte ich zwei Begriffe nennen. Es gibt zwei Arten von Schatten: den **Körperschatten** und den **Schlagschatten**. Der Körperschatten ist der eigene Schatten innerhalb eines Körpers. Der Schlagschatten ist der Schatten, den der Körper wirft.

Für das Handlettering wird in den meisten Fällen nur der Schlagschatten verwendet, oft in einer sehr vereinfachten Form. Wenn du einen Schatten zeichnen möchtest, solltest du zunächst festlegen, wo sich deine Lichtquelle befindet. Scheint das Licht von oben rechts auf den Körper bzw. den Buchstaben, dann fällt der Schatten nach unten links. Und anders herum.

Körperschatten   *Schlagschatten*   *Schlagschatten bei einem Lichteinfall von oben rechts*

Licht und Schatten

Füge deinen Buchstaben einen Schatten hinzu, um sie auffälliger zu machen.

Rücke deine Buchstaben »ins rechte Licht«: Die Schatten sind einfacher zu zeichnen, wenn der Lichteinfall von rechts kommt. Stelle dir die Buchstaben E, G oder K vor – du hättest viel mehr zu zeichnen.

Das Gleiche gilt auch für dekorative Script-Schriften.

Licht und Schatten

Schattierungen

Schattierungen für Buchstaben kannst du auf verschiedene Weise zeichnen. Oft reicht schon eine einfache Linie, um einen Schatteneffekt zu erzeugen. Ich zeige dir einige einfache Beispiele:

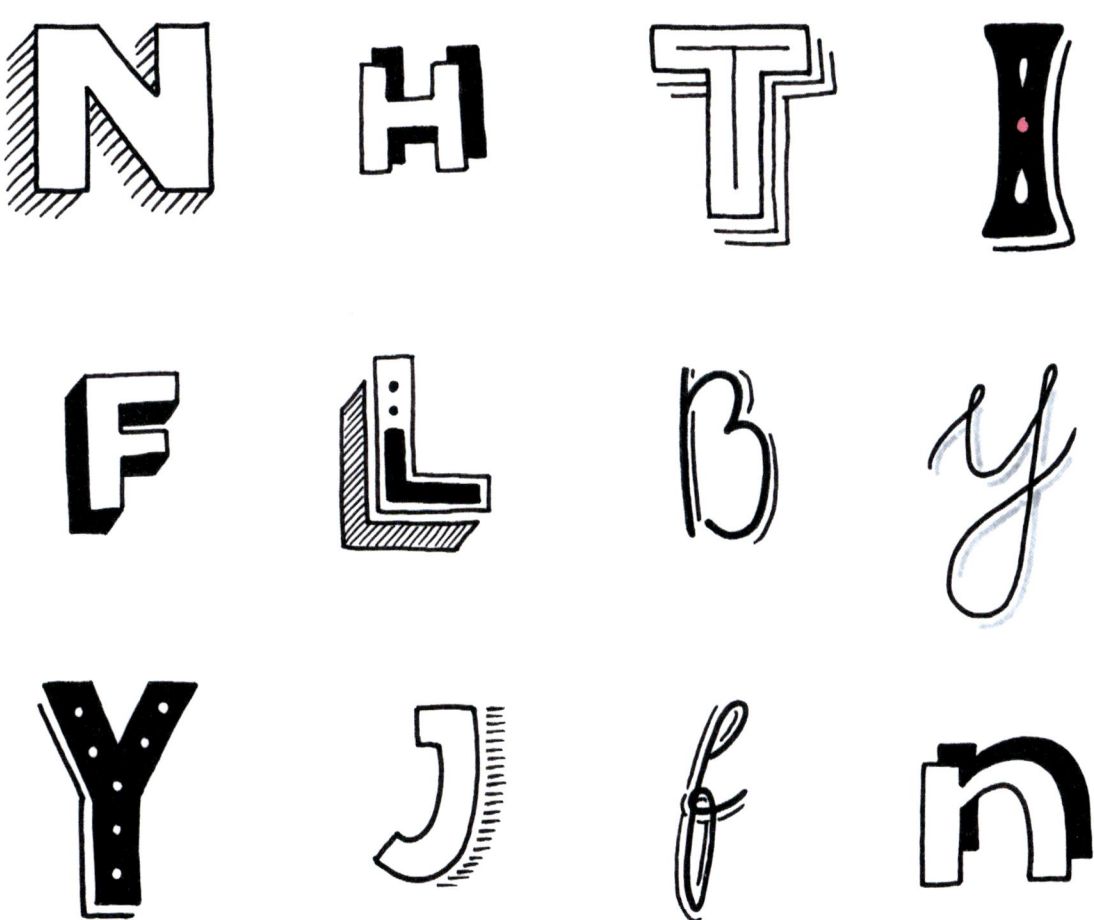

4 Alphabete und alles drumherum

Dreidimensionale Buchstaben

Möchtest du deine Buchstaben noch plastischer aussehen lassen? Dann gib ihnen Tiefe. Ich zeige dir dafür einige Techniken. Beginnen wir mit der **Isometrie**. Du erinnerst dich vielleicht noch daran, aus dem Matheunterricht. Die Isometrie ist eine einfache räumliche Darstellungsart. Im Gegensatz zur Perspektive mit Fluchtpunkten werden alle Körperkanten, die parallel verlaufen, auch parallel gezeichnet.

Schnell und einfach kannst du diesen Effekt erzielen, indem du ein Abbild deines Buchstabens versetzt hinter deinen Buchstaben zeichnest – entweder rechts oder links daneben und auch leicht nach oben oder unten versetzt. Ich habe mein A nach rechts und nach unten versetzt platziert. Nun werden die Ecken miteinander verbunden. Nach Belieben ausmalen – fertig!

Auch in Acrylfarbe auf Leinwand kommt ein dreidimensionaler Buchstabe toll zur Geltung. Hier habe ich Posca-Marker verwendet.

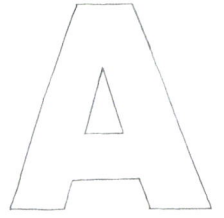

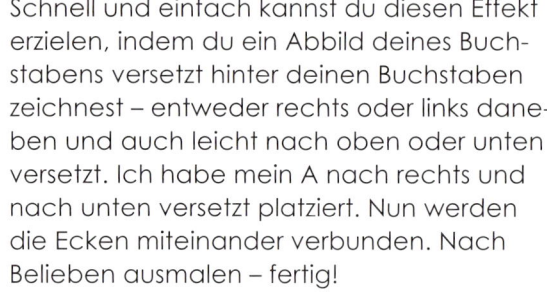

Noch realistischer wirken Buchstaben, die mithilfe einer **Fluchtpunkt-Perspektive** konstruiert werden. Hier verjüngen sich die Linien, die in die Ferne laufen. So entsteht eine Tiefenwirkung.

Mit der Position des Fluchtpunktes bestimmst du den Blickwinkel. Probiere einmal unterschiedlich gesetzte Fluchtpunkte aus – links, rechts oder weiter entfernt. So kannst du feststellen, welche 3D-Optik dir am besten gefällt.

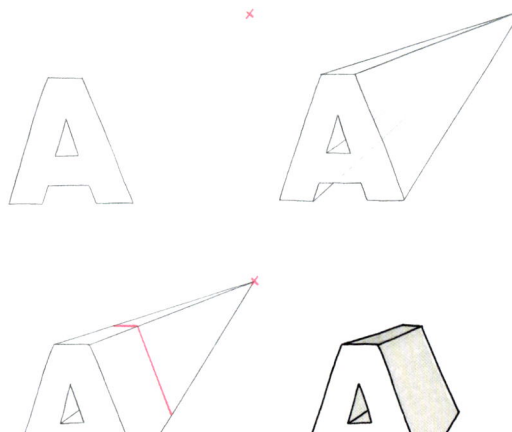

Beginne wieder mit dem Buchstaben, der »aus deinem Blatt springen« soll. Es kann natürlich auch ein ganzes Wort sein. Lege nun deinen Fluchtpunkt fest. Ziehe von jeder Ecke deines Buchstabens eine Linie zum Fluchtpunkt. Am besten verwendest du einen Bleistift. So kannst du später deine Hilfslinien leicht entfernen. Schon jetzt hat der Buchstabe einen plastischen Effekt. Ziehe parallele Konturlinien im Bereich der Fluchtlinien. Damit legst du die Tiefe deines Buchstabens fest. Nach dem Entfernen der Fluchtlinien kann der Buchstabe ausgestaltet werden.

Wenn du die Oberflächenstruktur der Buchstaben plastischer gestalten möchtest, verpasse ihr einen **Diamantschliff**. Dazu zeichnen wir die Schliffkanten.

Zeichne einen Blockbuchstaben mit einer Mittellinie, die kürzer ist als die Konturlinie des Buchstabens. Bei einigen Buchstaben stoßen die Mittellinien aufeinander. Verbinde nun das Ende der Mittellinie mit den Eckpunkten im Winkel. Verwende immer ungefähr den gleichen Winkel an Stamm, Arm und Bein der Buchstaben. Setze eine Diagonale an die rechtwinkligen Abbiegungen. Je nach Richtung des Lichteinfalls wird der frisch geschliffene Buchstabe schattiert. Bei meinen Buchstaben kommt das Licht von rechts oben, der Schatten fällt also auf die Flächen links unten.

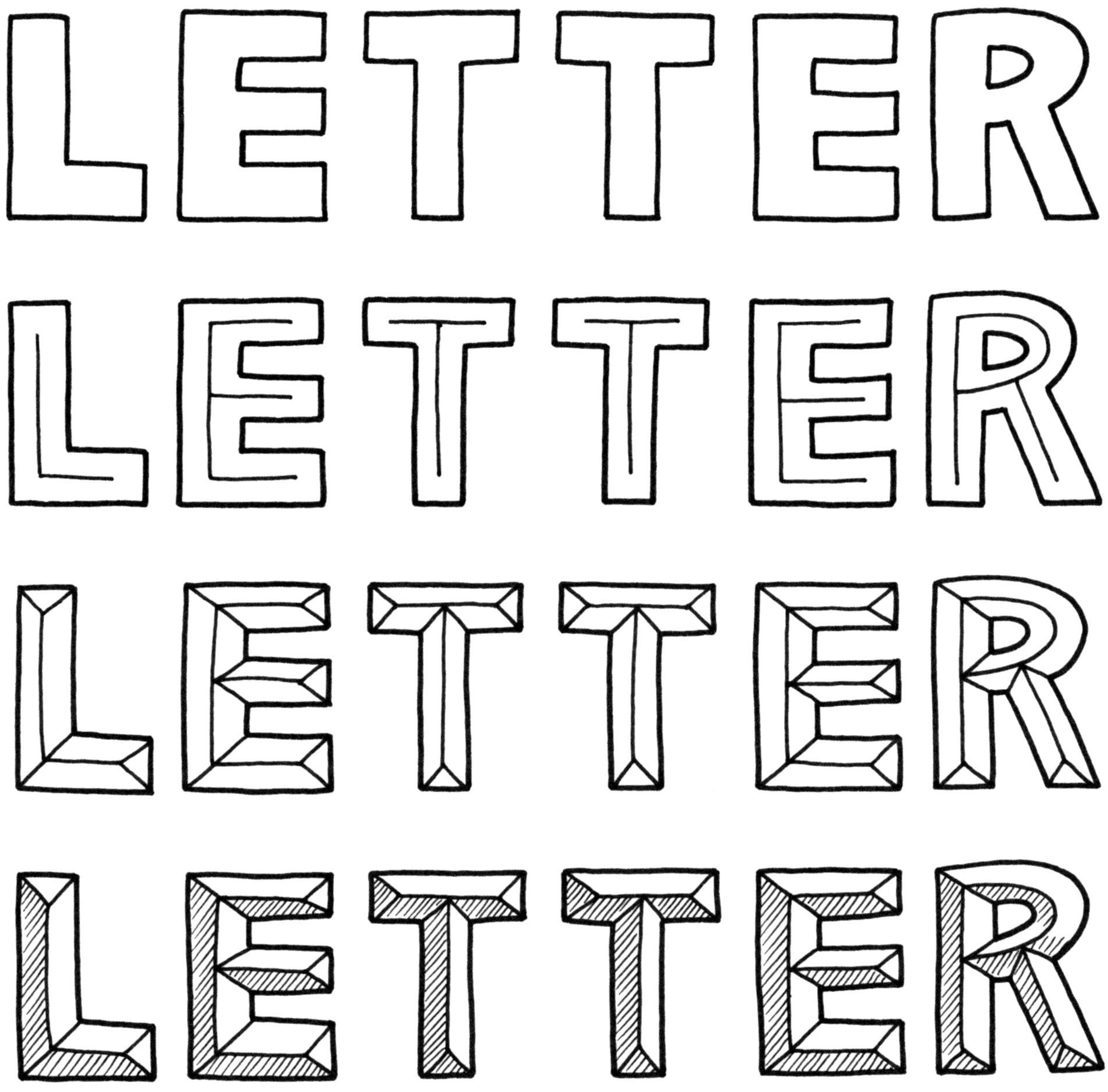

LETTER

LETTER

LETTER

LETTER

Banner

Banner heben Wörter aus einem Lettering hervor und geben ihnen einen Rahmen. Durch sie erhalten Lettering-Sprüche einen lockeren, aber auch feierlichen Charakter. Spruchbänder gibt es in vielen unterschiedlichen Formen. Sie haben eine lebendige, dreidimensionale Wirkung. Die einzelnen Schritte lassen sich leicht nachzeichnen.

Denk daran, die Bannerlänge auf die gewünschte Wortlänge abzustimmen.

Einfach eingerolltes Spruchband

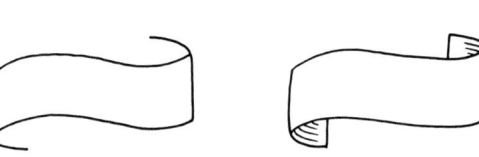

Gerades Banner

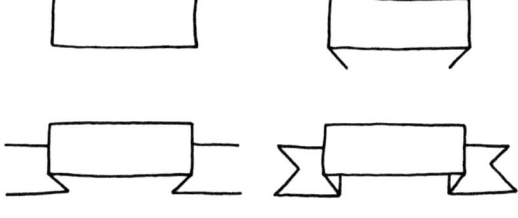

Gewelltes Banner

Doppel-Banner

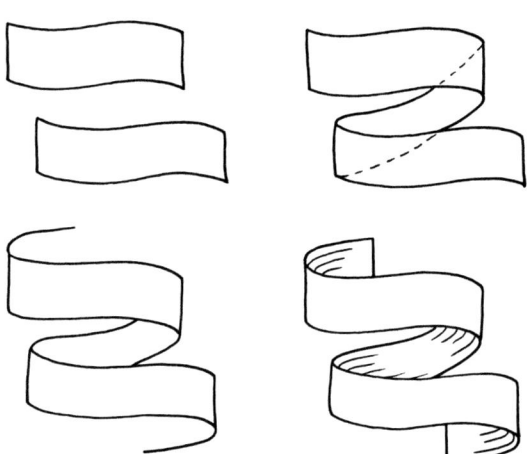

Ein Doppelbanner lässt sich ganz leicht zu einem Mehrfachbanner erweitern. Setze dazu einfach den Mittelteil wieder unten an.

4 Alphabete und alles drumherum

Schnörkel

Schnörkel, Kringel und Schlaufen sind dekorative Verzierungen, mit denen man Handlettering-Sprüche wunderbar verschönern kann. Man kennt sie auch als »Swashes«, also Schwünge. Meistens werden sie für Schreibschriften und in der Kalligrafie verwendet. Mit ihnen bekommen die Worte eine elegante und romantische Wirkung.

Schwungvolle Linien lassen sich leichter von oben nach unten zeichnen. Drehe dazu dein Blatt einfach um 90 Grad.

Ranken und Kränze

Mit Ranken und Kränzen kannst du deine Lettering-Sprüche besonders schön einrahmen. Auch für Glückwünsche finde ich sie besonders gut geeignet. Schnapp dir einen Zirkel oder einfach ein Glas und zeichne einen Kreis mit Bleistift vor. Auf ihm kannst du nach Herzenslust dekorative Elemente aus Flora und Fauna platzieren. Wenn du alles mit dem Fineliner gezeichnet hast, kannst du den Bleistiftstrich wegradieren. Hier siehst du verschiedene Blumen und Blätter zum vielseitigen Dekorieren von Ranken und Kränzen. Ich wünsche dir viel Freude damit!

4 Alphabete und alles drumherum

4 Alphabete und alles drumherum

Kränze müssen nicht immer rund sein. Probiere auch mal andere Formen aus!

Ranken und Kränze

Auf der Fähre nach Gotland entstand diese Zeichnung. Für die Form der Umrandung diente mir kurzerhand mein Handy.

 Übrigens kannst du Blumen und Blätter auch gut in andere Lettering-Bilder einpflanzen.

4 Alphabete und alles drumherum

Bordüren

Bordüren sind sozusagen die feierliche Girlande für dein Lettering. Mit ihnen kannst du Wörter unterstreichen und Sprüche einfassen wie mit einem Rahmen. Die dekorativen Linien lassen sich universell einsetzen. Bei ihrer Gestaltung sind keine Grenzen gesetzt. Entwirf Bordüren aus Mustern, Blumen, Blättern, Herzen, Schnörkeln oder was immer dir sonst so einfällt.

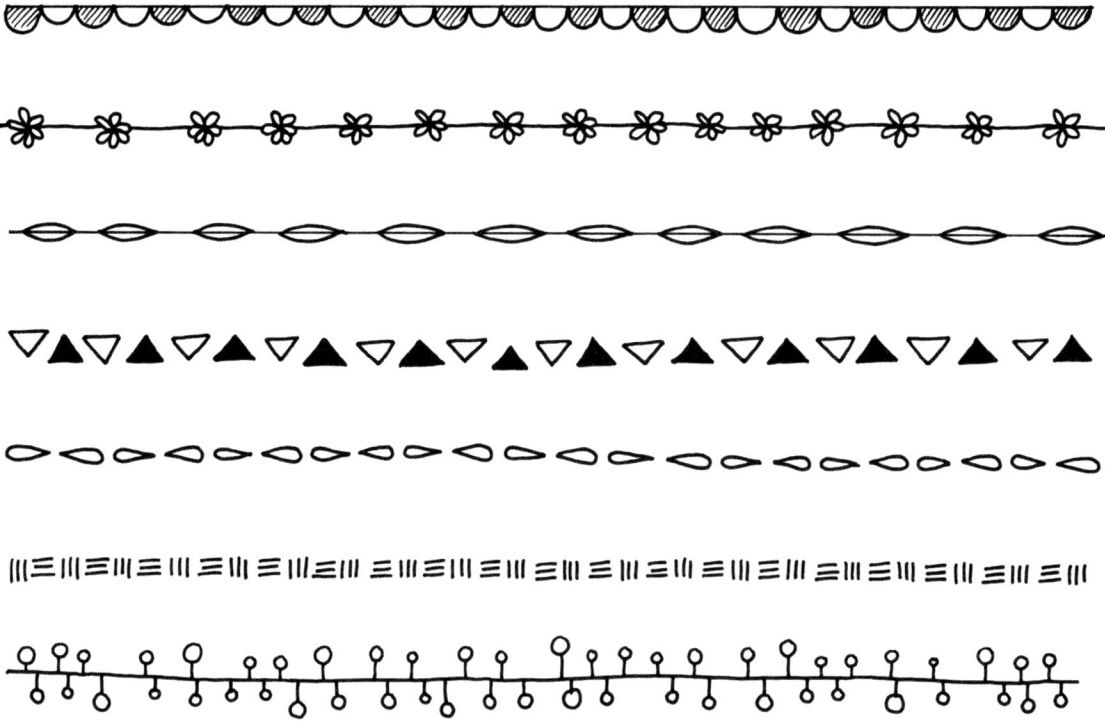

Bordüren

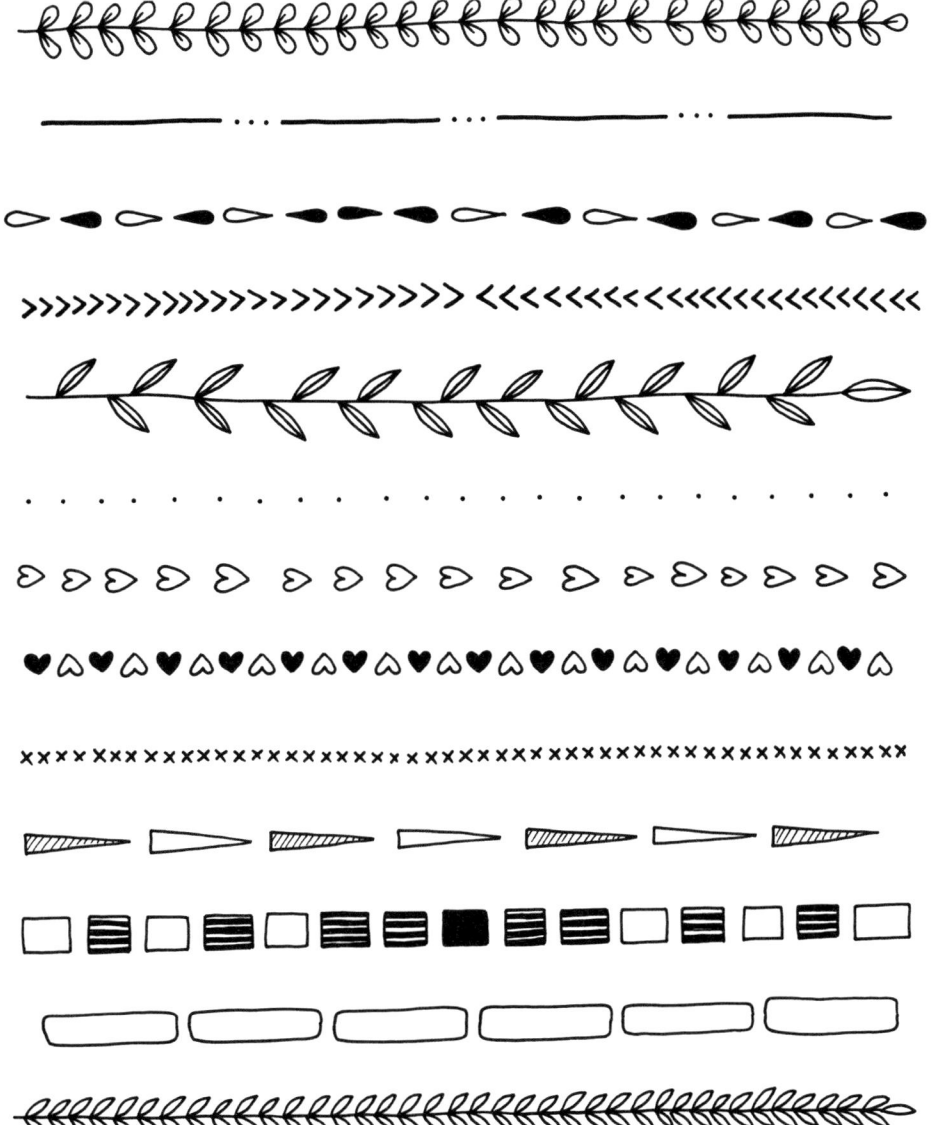

Eine große Portion Lettering-Ideen

5 Eine große Portion Lettering-Ideen

Dekorative Alphabetbilder

Einzelne Buchstaben haben wir bereits entworfen. Nun geht es darum, eine interessante Gesamtkomposition aus Buchstaben zu gestalten. Früher fand ich das Sehtestbild toll, das beim Augenarzt an der Wand hängt. Das ist im Grunde eine Zusammenstellung von Buchstaben als Wandbild. Weniger zu dekorativen Zwecken, höchstens für mich! Ich zeige dir einige unterschiedliche Alphabetbilder, bestehend aus Großbuchstaben mit und ohne Schnörkel, aus Kleinbuchstaben, gerade und mittig ausgerichteten und wild durcheinander purzelnden Buchstaben.

Bei dem folgenden Alphabetbild sind die Buchstabenabstände gleichmäßig, und die Verteilung der Buchstaben ist ausgewogen. Trotz der vielen Schnörkel wirkt das Alphabetbild harmonisch.

Hier stehen die Buchstaben nicht auf einer Linie und sie überlappen sich ein bisschen. Außerdem sind sie unterschiedlich groß. Zeichne etwas übereinander gelagerte »Kästen« und setze deine Buchstaben hinein.

Dieses Alphabetbild besteht aus Kleinbuchstaben, die miteinander verbunden sind. Das Alphabet hat einen gezeichneten Rahmen.

5 Eine große Portion Lettering-Ideen

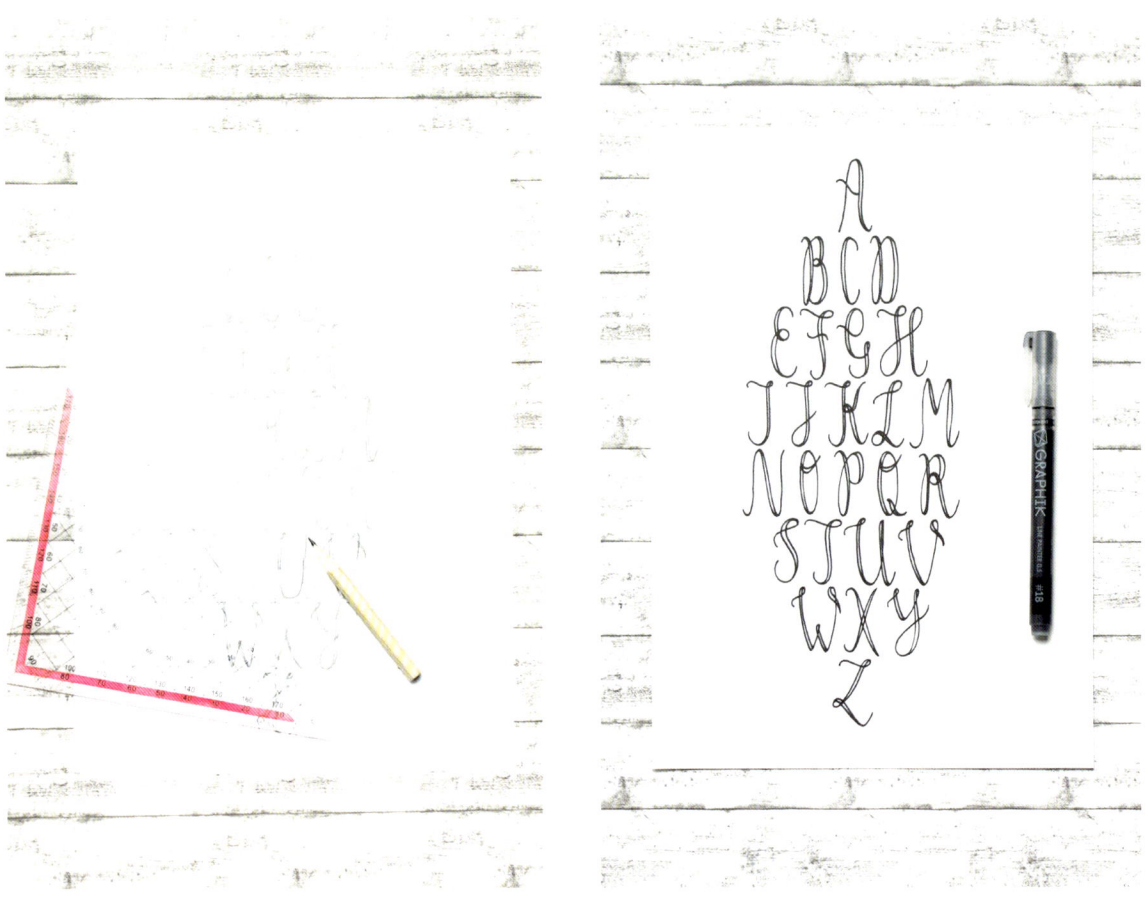

Große, schmale Buchstaben im Script-Stil zieren dieses Bild. Sie sind pyramidenförmig bzw. stufenförmig angeordnet. Ihre Komposition ist konstruiert.

Origineller Buchstaben-Mix – Gestalterischer Stilbruch erwünscht

Diesmal geht es nicht um Buchstaben in alphabetischer Reihenfolge, sondern querbeet. Hauptsache, sie sind unterschiedlich gestaltet. Zeichne Buchstaben in verschiedenen Größen, Farben und unterschiedlicher Gestalt. Fertige eine Vorzeichnung mit dem Bleistift an, damit du problemlos korrigieren kannst. Verschiebe, vergrößere oder verändere deine Buchstaben so lange, bis alles passt. Setze Formen und Farben ganz nach Belieben ein.

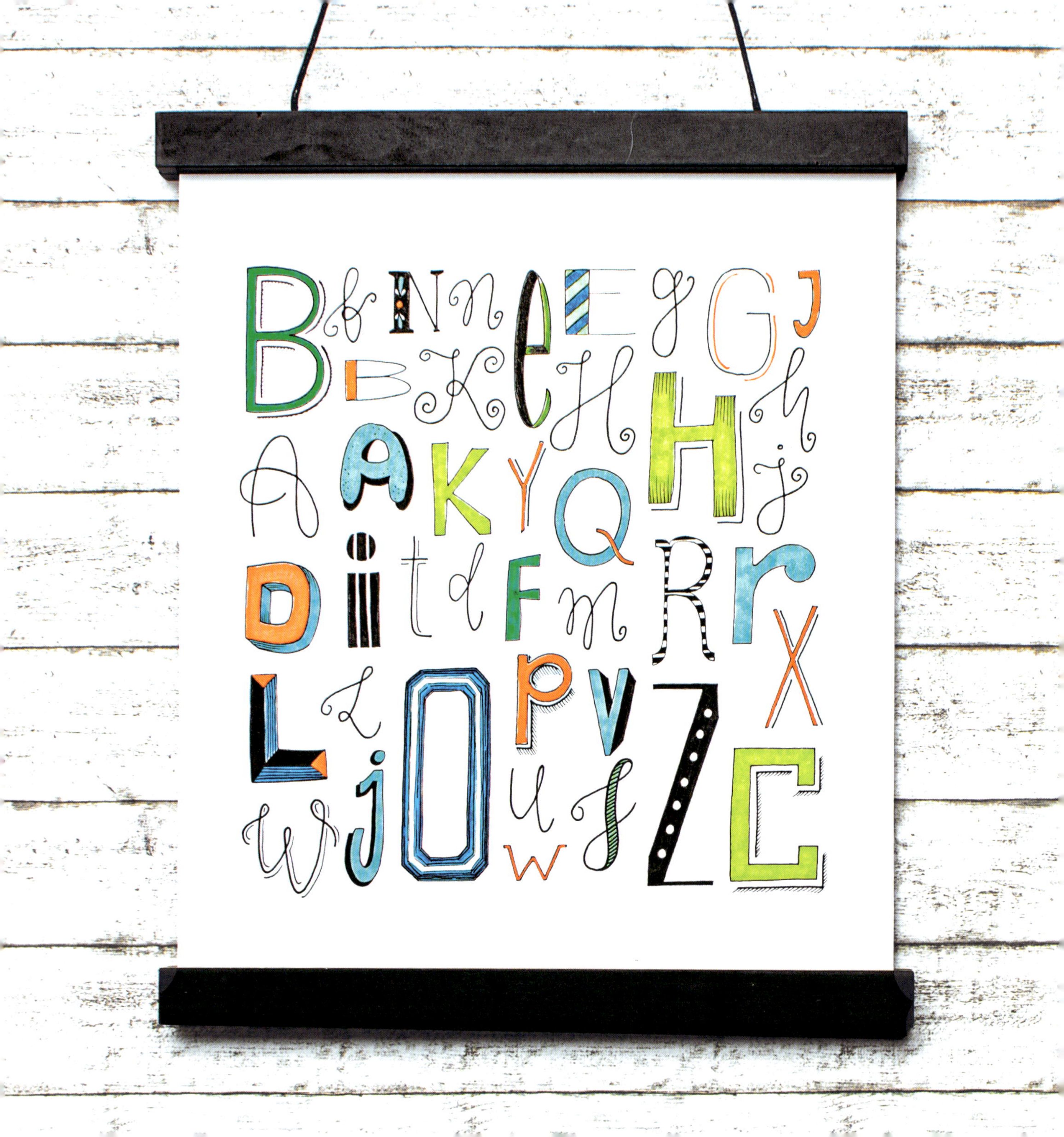

Origineller Buchstaben-Mix – Gestalterischer Stilbruch erwünscht

Du kannst auch die Gestaltung der Buchstaben innerhalb eines Wortes mischen. Ein solcher Mix wirkt gut bei ein bis zwei Wörtern. Ein ganzer Satz hingegen wäre anstrengend zu lesen.

Spontanes Lettering aus Wortsammlungen

Ich liebe diese Art des Letterings. Es verspricht Spaß und Entspannung. Du kannst spontan loslettern, ganz ohne irgendwelche Vorbereitungen. Begrenze ein Feld auf deinem Papier und platziere Wörter, die dir gerade in den Sinn kommen. Wenn dir auf die Schnelle nichts einfällt, notiere dir eine Sammlung an Wörtern, die in Betracht kommen. Dann kannst du diese Liste abarbeiten. Benutze unterschiedliche Buchstabenarten, um ein spannungsreiches Gesamtbild zu erzeugen.

Mir gefällt besonders der Kontrast von organischen, geschwungenen Buchstabenformen zu kantigen und geradlinigen. Wiederholungen in der Gestaltung sind erlaubt und auch erwünscht. Ebenfalls markant ist der Schwarz-Weiß-Kontrast, der besonders hervorgehoben wird, wenn du dicke und dünne Linien für deine Buchstaben verwendest.

Experimentiere mit dekorativen Details wie Punkten, gestrichelten Linien oder Mustern. Auch kleine Sterne, Herzen, Pfeile oder Blumen kannst du ergänzend einsetzen. Variiere die Schriftgrößen und die Schriftlage deiner Buchstaben. Positioniere sie kreuz und quer, ganz nach Lust und Laune. Der Kreativität sind keine Grenzen gesetzt.

Wichtig ist, dass das ganze Feld ausgefüllt ist, sodass keine großen Lücken entstehen.

Du kannst eine Vorzeichnung mit dem Bleistift machen und deine Wörter so lange verändern oder verschieben, bis alles sitzt. Noch ein letzter, elementarer Tipp: Leg den Perfektionismus beiseite!

5 Eine große Portion Lettering-Ideen

Das folgende Lettering ist spontan entstanden, direkt in meinem Skizzenbuch. Wie du siehst, hatte ich keine wohlüberlegte Wortsammlung vorliegen. Stattdessen habe ich die Begriffe zusammengetragen, wie sie mir in den Sinn kamen, und sie teilweise zusammenhanglos nebeneinandergestellt, sozusagen als direkte Gedankenübertragung auf das Papier.

Outline-Lettering

Das Zeichnen von Umrisslinien ist eine einfache, aber verblüffend wirkungsvolle Möglichkeit, Buchstaben einen tollen Look zu verpassen. Wie unterschiedlich das wirken kann, zeige ich dir anhand einiger Beispiele.

One, two, three!

Es sind drei Schritte von der Grundform der Buchstaben zum Outline-Lettering.

1. Zeichne oder schreibe deine Buchstaben in einfacher Form untereinander auf. Ich habe meine Worte im Script-Stil geschrieben.

2. Umrande die Linien der Buchstaben. So erhältst du Konturlinien.

3. Für die Reinzeichnung werden nur die Konturlinien gezeichnet.

Sittin' in the Mornin' Sun

Und jetzt eine Textstelle aus »(Sittin' On) The Dock Of The Bay« von Otis Redding. Diesmal in etwas anderer Erscheinung.

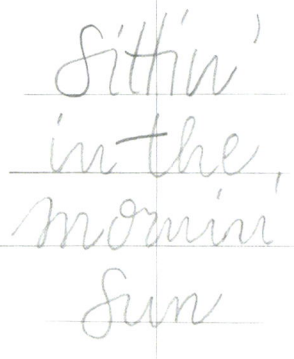

1 Schreibe deine Wörter auf.

3 Ziehe die Linien mit dem Fineliner nach. Wenn du magst, füge farbige Details hinzu, die inhaltlich zum Thema passen. Fertig!

2 Zeichne die Konturlinien.

You are great

Auch wenn es dir heute noch niemand gesagt hat: »You are great!« Nach diesem Motto geht es weiter im Thema. Für diesen Entwurf habe ich den Zeilen- sowie den Buchstabenabstand gering gehalten. Bei der Umrandung meiner Buchstaben berühren sich ihre Konturen. Der Anschein einer Verschmelzung entsteht. Und so geht's:

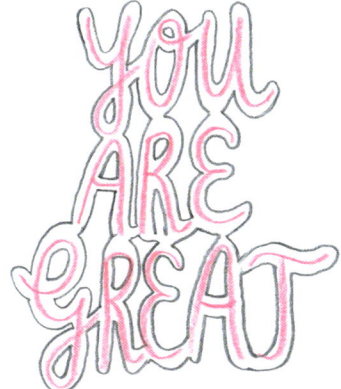

1 Richte deine Wörter mittig aus und setze sie untereinander. Wähle einen geringen Buchstaben- und Zeilenabstand.

2 Umrande deine Buchstaben. An den Stellen, an denen sich die Umrisslinien berühren, gehen sie ineinander über.

3 Die Buchstaben verschmelzen nun miteinander. Einige Schnörkelelemente an den Endungen verstärken diesen Eindruck.

4 Nach dem Übertragen der Konturlinien kannst du den Effekt gut erkennen.

5 Ziehe die Linien mit dem Fineliner nach. Dann ist das Outline-Lettering fertig!

5 Eine große Portion Lettering-Ideen

Gestalte dein Lettering auch mit Schraffuren oder in anderen Farben …

Drunter und drüber

Diese Lettering-Art verdankt ihre besonders markante Erscheinung starken Gegensätzen. Im »Vordergrund« siehst du eine dynamische, helle und farbige Script-Schrift und im »Hintergrund« statisch wirkende, schmale, hohe, geradlinige Blockbuchstaben. Die schwarze Farbgebung unterstreicht zusätzlich ihre strenge Wirkung. Bei diesem Lettering steht nicht die gute Lesbarkeit im Vordergrund. Hier darf man ruhig ein wenig länger hinsehen. Gut geeignet ist diese Art zu lettern für Zwei-Wort-Aussagen, wie »Alles Gute«, »Frohes Fest« oder »Coffee break«. Aber auch Wort-Zahl-Kombinationen sind möglich, wie du an einem meiner Beispiele erkennen kannst.

Alles Gute

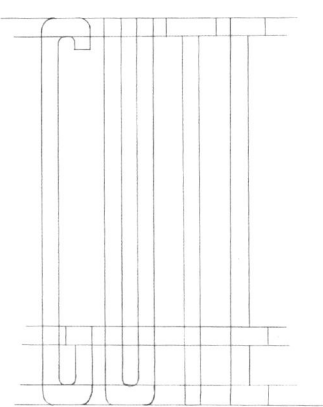

1 Beginne mit der Konstruktion der Blockbuchstaben. Am besten ziehst du dir einen Rahmen mit dem Lineal, in den du dann deine Buchstaben einpasst. Platziere wichtige Elemente zum Erkennen der Buchstaben nicht mittig. Sie dürfen nicht von dem folgenden Schriftzug verdeckt werden.

2 Schreibe nun das »Vordergrundwort« im Brush Lettering auf dein finales Blatt Papier. Du kannst genauso gut »Faux Calligraphy« anwenden. Beachte die Größe deines gewählten Wortes: Es sollte proportional gut zum »Hintergrundwort« passen. Hierfür gibt es keine Regel, aber beide Wörter sollten – zusammen betrachtet – gut erkennbar sein.

3 Übertrage nun die Blockbuchstaben auf das Papier des Script-Schriftzugs. Dazu solltest du ihn in die richtige Position bringen: beide Wörter mittig ausgerichtet und so platziert, dass keine wichtigen Elemente der Buchstaben verdeckt werden. Ansonsten könnte es passieren, dass auch bei längerer Betrachtung das hintere Wort nicht lesbar ist. Außerdem musst du bei der Übertragung darauf achten, dass du den Bereich des vorderen Wortes aussparst, damit der »Vorne-hinten-Effekt« entsteht. Nutze für die Übertragung deines skizzierten Wortes am besten eine Methode, bei der du durch dein Blatt hindurchsehen kannst, um die richtige Position zu erkennen (Transparentpapier, Fenster oder Light Pad). Zeichne mit einem Bleistift, um anschließend korrigieren zu können, sollte dies nötig sein.

Drunter und drüber

Die Schritte für das »vordere« und das »hintere« Wort kannst du auch in umgekehrter Reihenfolge machen. Das ist hier nicht entscheidend.

4 Ziehe nun deine Bleistiftlinien mit dem Fineliner nach und fülle sie schwarz aus. Den Bereich, in dem sich dein »vorderer« Schriftzug befindet, kannst du beispielsweise mit einer Punkt-Schraffur ausklingen lassen.

Auf die gleiche Art habe ich ein Bild für meine Nichte Lilly zu ihrem 18. Geburtstag gestaltet. Alles Gute, Lilly!

Have fun

Einen tollen 3D-Effekt erzeugt eine erweiterte Variante dieser Lettering-Art. Der Script-Schriftzug soll sich um die Blockbuchstaben herumschlängeln. Beginnen wir wieder mit dem »hinteren« Wort …

1 Konstruiere, wie im ersten Beispiel, dein Wort aus Blockbuchstaben.

2 Schreibe nun dein zweites Wort im Brush-Lettering-Style oder der Faux Calligraphy. Verwende auch hier schon dein finales, gutes Papier. Denk ebenfalls wieder an die Größe bzw. Proportion deines Wortes.

3 Nachdem beide Schriftzüge mittig ausgerichtet sind, kann die Übertragung beginnen. Die Linien der Buchstaben enden diesmal direkt am Wort im Script-Stil. Im Gegensatz zum ersten Beispiel zeichne ich in diesem Fall alle sichtbaren Linien des Wortes »HAVE« durch. Damit meine ich die Linien, die nicht vom Wort »fun« verdeckt werden. Nun kannst du die Flächen der Blockbuchstaben schwarz ausfüllen. Und dann kommt der Clou! Das fertige Werk soll den Anschein erwecken, als ob sich die Brush-Buchstaben um die Blockbuchstaben herumwinden. Dazu müssen einige Linien der Blockbuchstaben über die Script-Schrift durchgezogen werden. Sie verdecken dann Bereiche dieser Schrift.

Das kannst du wahllos tun oder bei jedem Buchstaben abwechseln. Dafür gibt es kein »Rezept«.

Fertige eine kleine Skizze an. Sie dient dir als Entscheidungshilfe, welche Linien du durchzeichnest.

Walk the line

Dieser Schriftzug ist besonders schnell gemacht und sieht toll aus. Er wirkt wie ein langer Faden.

Danke

1 Nutze die breite Kante eines Markers mit Keilspitze für die plakativen Blockbuchstaben deines Wortes.

2 In einer langgezogenen Schreibschrift fügst du das gleiche Wort in einer langen Linie hinzu. Schreibe in einem Zug, ohne den Stift abzusetzen. Die Buchstaben sind klein und immer direkt am gleichen Buchstaben in Blockschrift platziert.

Walk the line

Die Vorfreude auf eine New-York-Reise mit meiner Freundin Birte hat mich zu einer Zeichnung in mein Skizzenbuch bewegt.

Luise

Nach Belieben kannst du den Faden, also die Linie, auch etwas schwungvoller gestalten. Dabei werden die Buchstaben etwas größer. Die Blockbuchstaben habe ich diesmal nicht mit einem Marker gezeichnet.

1 Für die Farbgebung der Blockbuchstaben benötigst du einen Buntstift sowie einen wasserbasierten Filzstift im gleichen Farbton. Zeichne die Konturen der Blockbuchstaben deines Wortes in zarten Linien, also ohne viel Druck auf den Stift.

5 Eine große Portion Lettering-Ideen

2   Die Linien werden mit einem wasserlöslichen Filzstift nachgezogen …

3   … und mit dem Pinsel und etwas Wasser angelöst. Ziehe die angelöste Farbe mit dem Pinsel in die Buchstabenfläche. So entsteht ein aquarellartiger Effekt, der den Buchstaben einen weichen Charakter verleiht.

4   Nun kommt die schwungvolle Schreibschriftlinie ins Spiel. Entwirf eine Skizze auf Transparentpapier, um zu sehen, welche Schriftgröße dir gefällt.

Für Arbeiten mit nicht deckender Farbe empfehle ich für die Vorzeichnung einen Buntstift im abgestimmten Farbton. Ein Bleistiftstrich würde durch die Farbe schimmern, und das sieht immer schmutzig aus.

Walk the line

5 Übertrage deinen Faden – und schon kann das fertige Bild gerahmt und verschenkt werden.

5 Eine große Portion Lettering-Ideen

Ribbon Lettering

Mit Ribbon Lettering lässt sich ein besonders dynamischer Effekt erzielen. Das englische Wort »Ribbon« bedeutet übersetzt »Band«, und das sagt schon alles über das optische Erscheinungsbild: Wörter, die aussehen, als seien sie aus einem Band gelegt oder geworfen. In Farbe kommt das Ribbon Lettering besonders gut zur Geltung. Auch als einzelnes Wort setzt es sich sehr dekorativ in Szene. Und es macht sehr viel Spaß, es zu entwerfen. Es gibt verschiedene Herangehensweisen, um ein Ribbon Lettering zu erstellen. Ich mache dich mit zwei Methoden vertraut.

Methode 1 – mit Brush Pen

1 Such dir ein schönes Wort und schreibe es in einem Zug mit einem Brush Pen. Beachte unbedingt die Regeln des Brush Lettering, also achte auf den Druck bei den Abwärtsstrichen (siehe Brush Lettering, Seite 80). Das Tolle ist, dass sich hierdurch gleich die Breite des Bandes ergibt. Die Abwärtsstriche bilden später den vorderen Teil des Bandes, die Aufwärtsstriche den hinten liegenden Teil.

Achte bitte darauf, etwas mehr Platz zwischen den Buchstaben zu lassen, besonders in den Innenflächen wie im a, e, und o – den wirst du später brauchen.

Ribbon Lettering

2 Um die Übergänge von vorne nach hinten sowie die Überlappungen klar erkennbar zu machen, zeichnest du die Konturen nach. Dazu verwendest du am besten einen Fineliner. Zunächst ziehst du nur die Umrisse der Abwärtsstriche nach, also den vorne liegenden Teil des Bandes.

3 Weil ein Band immer gleich breit ist, müssen nun die Aufwärtsstriche verbreitert werden. Ziehe die Linien nach, sodass sie fast die gleiche Breite haben. Da sich weiter hinten liegende Motive verjüngen, also kleiner erscheinen, wirkt hier ein etwas schmaleres Band realistisch.

4 Umrande nun die Konturen der Aufwärtsstriche. Es ergibt sich schon ein leichter Ribbon-Effekt!

5 Um einen plastischen Effekt zu erzielen, werden die vorne sichtbaren Bereiche des Bandes so belassen, und die Innenseite wird schattiert – also vorn hell, hinten dunkel. Dazu verwendest du am besten einen Brush Pen im gleichen Farbton, nur etwas dunkler. Oder du benutzt den gleichen Stift noch einmal. Durch mehrmaliges Auftragen wird der Farbton ebenfalls dunkler.

Auch mit anderen Schriftarten kannst du dein fertiges Ribbon gut kombinieren.

Lass einen Farbauftrag immer erst trocknen, bevor du den nächsten beginnst, sonst kann es zu unschönen, überlaufenden Rändern kommen.

Methode 2 – mit Bleistift

1 Bei dieser Methode benötigst du keinen Brush Pen. Das gewünschte Wort wird mit einem Bleistift vorgezeichnet.

Auch hier musst du darauf achten, dass du das Wort in einer zusammenhängenden Linie schreibst. Berücksichtige auch hier wieder etwas größere Abstände zwischen den Buchstaben sowie in den Innenflächen wie im a, o und e. Zur Verdeutlichung habe ich einen Buntstift verwendet. Benutze aber lieber einen Bleistift, damit sich später die Linien mit dem Fineliner leichter nachziehen lassen.

2. Wende nun die Faux-Calligraphy-Technik an, indem du parallele Linien zu den Abwärtsstrichen ziehst. Daraus ergibt sich die Breite deines Bandes.

3. Nun müssen die Aufwärtsstriche angeglichen werden. Arbeite dich langsam an die Übergänge und Schlaufen heran. Wenn eine Linie nicht richtig »sitzt«, kannst du bei dieser Methode radieren und korrigieren, so oft du willst.

4. Jetzt kannst du alle Konturen mit einem Fineliner umranden. Radiere anschließend vorsichtig sichtbar gebliebene Bleistiftlinien weg.

5. Bei der Kolorierung gilt, genau wie bei der Brush-Pen-Methode: vorne hell, hinten dunkel. Auf diese Weise entsteht die dreidimensionale Wirkung. Für die von vorne sichtbaren Bereiche des Bandes wählst du einen helleren Farbton, für die Innenseiten (hinten) eine Farbe im gleichen Ton, aber etwas dunkler.

Selbstverständlich kannst du auch ganz unterschiedliche Farbtöne für dein Band wählen, zum Beispiel Kombinationen mit Schwarz oder poppig bunte Varianten.

5 Eine große Portion Lettering-Ideen

Layouts für Sprüche

Layout ist ein englischer Begriff und bedeutet Entwurf, Planung und Anordnung. Damit ist im Großen und Ganzen die Text- und Bildgestaltung gemeint, also die Komposition. Hier geht es um die Zusammenstellung und Anordnung der Wörter eines schönen Lettering-Spruchs.

Ich fange mit der einfachsten Form an, dem Aneinanderreihen von Wörtern. Die Wörter des Songtextes »Baby, It's Cold Outside« von Frank Loesser richte ich an einer Mittelachse aus und setze sie untereinander. Die Wörter haben ungefähr die gleiche Höhe und sind vom gleichen Schrifttyp. Um diese simple Form der Positionierung aufzupeppen, habe ich die Hilfslinien für meine Buchstaben etwas gekrümmt. Sieh selbst …

Baby, It's Cold Outside

1 Die Wörter meines Textes sind untereinander angeordnet. Meine Buchstabengrundform verwandle ich in dekorative Script-Großbuchstaben.

2 Hier siehst du die »neuen« Buchstaben.

Layouts für Sprüche

3 So verändern sich die Buchstaben auf gekrümmten Hilfslinien.

4 Aus einfachen Buchstaben entstehen Blockbuchstaben.

5 Die fertigen Buchstaben bekommen einen Transfer auf das finale Papier.

6 Zum Schluss werden alle Linien mit dem Fineliner nachgezogen. Ich habe Lichtreflexe gesetzt, die ich beim Ausmalen ausspare.

Layouts für Sprüche

Die Worthierarchie

Um ein spannendes Layout für Lettering-Sprüche zu entwerfen, ist es hilfreich, eine Art Gerüst zu bauen. Ein Gerüst aus Feldern, wobei die Felder als Platzhalter für Wörter dienen. Bevor wir damit beginnen, werfen wir einen Blick auf unsere Wörter. In einem Spruch gibt es oft wichtige und unwichtige Wörter. Die wichtigen Wörter gilt es als Erstes herauszufinden, sie sollen in der Gestaltung hervorgehoben werden. Das kann durch Größe, Lage, Breite, Farbe oder Schrifttyp geschehen. Auch Unterstreichen oder Einrahmen betont ein Wort besonders. Manchmal sind mehrere Wörter sinngemäß gleich wichtig, und manchmal ist vielleicht auch nicht ganz klar, welches Wort die Hauptrolle spielt. Ganz sicher aber fallen Konjunktionen, Präpositionen und Artikel nicht stark ins Gewicht. Diese Wörter müssen nicht besonders hervortreten.

Die Ausgestaltung der Buchstaben gehört eigentlich nicht zum Thema Layout, aber ich möchte dir das Ergebnis dieses Entwurfs nicht vorenthalten.

You are my sunshine

Hast du einen Spruch zum Gestalten gefunden, mach dir zuerst einige Skizzen. Probiere unterschiedliche Versionen aus, wie du deine Wörter arrangieren könntest. Richte deine Wörter an einer Mittellinie aus. Hier siehst du einige meiner Skizzen zu »You are my sunshine«.

Zwei dieser Entwürfe nehme ich mir jetzt genauer vor. Ich zeige dir, wie sie aufgebaut sind.

Layouts für Sprüche

Entwurf 1

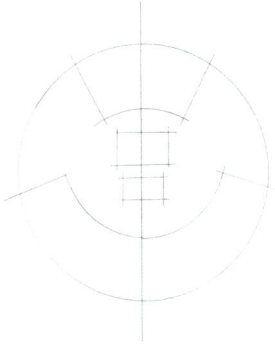

1 Ich möchte meine Wörter in einem runden Rahmen anordnen, dazu zeichne ich einen Kreis. Für die vier Wörter meines Spruches lege ich Felder fest: zwei große Felder für »You« und »Sunshine« und zwei kleine Felder für »are« und »my«. Alle Felder richte ich an der Mittellinie aus.

2 Die Buchstaben passe ich in meine Felder ein, sodass sie den Platz ganz ausfüllen. Zur Dekoration ziehe ich einige Striche, um die Kreisform optisch zu unterstreichen.

3 Nun werden die Buchstaben ausgestaltet und mit dem Fineliner nachgezeichnet. Setze Farben ein, wenn du magst.

Entwurf 2

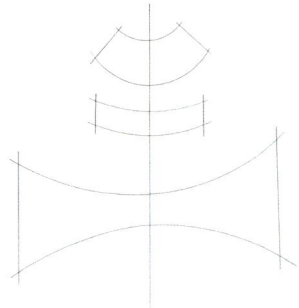

1 Wieder richte ich die Felder für meine Wörter an der Mittellinie aus. Um den Schriftzug reizvoller zu machen, »verbiege« ich meine Felder.

2 Buchstaben einsetzen …

3 … und ausgestalten. Dann die Reinzeichnung mit dem Fineliner vollenden.

Verwende unterschiedliche Schriften in deinem Lettering-Spruch. Auch dekorative Elemente wie Rahmen, Blätter oder Bordüren können das Layout verfeinern.

Don't forget to smile

Um dich auf Ideen für Formen zur Feldergestaltung zu bringen, zeige ich dir zwei weitere Beispiele zu einem kurzen Text. Und nicht vergessen zu lächeln – »Don't forget to smile«!

Entwurf 1

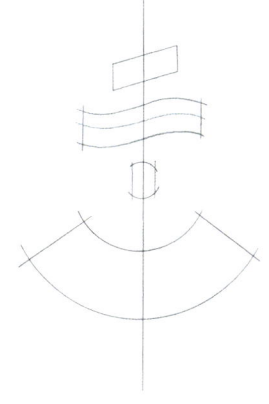

1   Ich habe hier unterschiedlich geformte Felder für die Wörter ausprobiert und sie an der Mittelachse ausgerichtet.

2   Wörter platzieren ...

3   ... und der Feinschliff mit einem Fineliner. Natürlich kannst du auch Farbe einsetzen.

5 Eine große Portion Lettering-Ideen

Entwurf 2

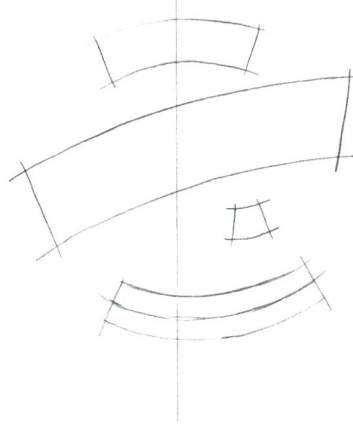

1 Wie du siehst, habe ich hier einige Felder aus der Mitte geschoben. Ich möchte ausprobieren, wie das wirkt.

2 Unterschiedliche Schriften eingepasst ...

3 ... und die Reinzeichnung mit dem Fineliner gezeichnet. Done!

Layouts für Sprüche

Layout Brottüte

Anwendungsmöglichkeiten gibt es viele.
Wie wär's mal mit einer Brottüte?!

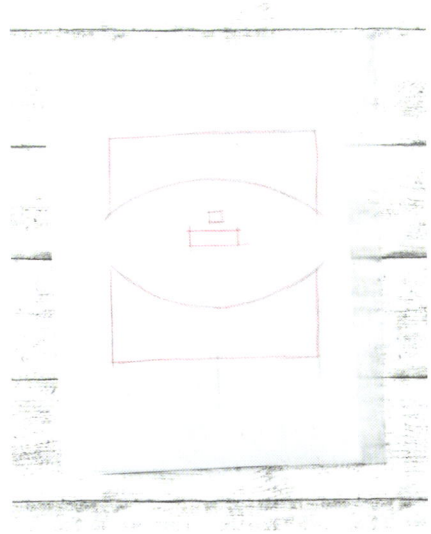 

1 Überlege dir die Größe, eine Einteilung und die Anordnung der Felder für deine Wörter.

2 Skizziere nun deine Buchstaben in die Felder.

5 Eine große Portion Lettering-Ideen

3 Beginne mit der Ausgestaltung der Buchstaben.

4 Nun kommt der Transfer der Zeichnung. Ich habe zur Übertragung Transparentpapier benutzt.

5 Die Linien werden mit dem Fineliner nachgezogen …

6 … und die Buchstaben nach Belieben gestaltet. Auf Kraft- oder Packpapier kommen Schwarz und Weiß toll zur Geltung.

Layouts für Sprüche

Brottüten gestalten macht Spaß! Du kannst sie auch für andere Dinge oder als Geschenktüte verwenden.

5 Eine große Portion Lettering-Ideen

Print Lettering

Ich liebe das handwerkliche Arbeiten mit kreativen Hoch- und Tiefdrucktechniken sowie den Siebdruck. Hier möchte ich dir eine Hochdrucktechnik vorstellen, die du vielleicht noch aus Schulzeiten kennst: den **Linolschnitt** bzw. Linoldruck. Das Schnitzen am Material macht Spaß, und du kannst dein Motiv vervielfältigen, so oft du möchtest. Schön finde ich auch, dass man das Drucken mit dem Lettering verbinden kann. Zu den etwas spröden Linoleumplatten gibt es eine Alternative: Die sogenannten Softcut-Platten sind weicher und lassen sich leichter bearbeiten. Es ist reine Geschmackssache, welches Material man bevorzugt; für das gedruckte Ergebnis spielt es keine Rolle. Ein Linol-Schnitzset bekommst du für wenig Geld im Künstlerbedarfs- oder Bastelgeschäft. Druckplatten gibt es in unterschiedlichen Größen und Formaten. Ich habe eine Schwäche für Softcut-Platten, die ich in den abgebildeten Beispielen verwendet habe.

1 Entwirf einen Schriftzug, den du drucken möchtest.

2 Mit Transparentpapier lässt sich der fertige Entwurf gut abpausen. Benutze hierzu einen HB-Bleistift.

Das Motiv muss immer spiegelverkehrt auf die Platte aufgetragen werden. Durch den Druck wird es wieder gedreht und erscheint letztendlich richtig herum.

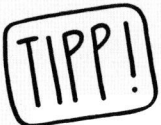

Um Verletzungen zu vermeiden, solltest du das Schnitzmesser immer vom Körper bzw. von der Hand wegbewegen. Halte die Druckplatte sehr fest, damit sie nicht wegrutscht.

3 Nun wendest du das Transparentpapier und platzierst es mittig auf deiner Linoleum- oder Softcut-Platte. Das Motiv ist spiegelverkehrt zu sehen. Der spätere Abdruck wird das Motiv wieder richtig herum abbilden. Übertrage die Grafitlinien auf deine Druckplatte, indem du mit dem Bleistift die Linien nachziehst.

4 Umfahre alle Linien mit dem Schnitzwerkzeug. Trage nur das Material ab, das nicht gedruckt werden soll, und lass alle Bereiche stehen, die später zu sehen sein sollen.

5 Eine große Portion Lettering-Ideen

Du kannst einen Probedruck anfertigen, während du dich im Schnitzprozess befindest, um zu entscheiden, ob du noch Veränderungen an der Platte vornehmen solltest.

5 Jetzt kommt der spannende Moment des Druckens. Trage die Linoldruckfarbe mit einer dafür vorgesehenen Walze gleichmäßig auf die fertig geschnitzte Platte auf. Drücke die Platte sehr fest auf dein Papier. Das lässt sich natürlich wunderbar mit einer Stock- oder Walzenpresse tun, für kleine Platten reicht aber ein Andrückwerkzeug wie der Handreiber oder auch ein Nudelholz aus.

Achte unbedingt darauf, dass die Platte beim Drucken nicht verrutscht.

Ich habe den OKAY-Schriftzug auf mein Skizzenbuch gedruckt.

5 Eine große Portion Lettering-Ideen

Auch Schriften im Script-Stil lassen sich schnitzen. So kannst du deine Worte immer wieder drucken, statt sie zu schreiben.

Bildhafte Konturen für Wörter

Wörter in einen Rahmen gesetzt

Besonders reizvoll wirken Wörter oder auch ganze Texte, wenn du sie in einen Rahmen setzt. Der Rahmen kann in ganz unterschiedlichen Formen gestaltet sein. Ich zeige dir hier einige meiner Varianten. Bei diesem Lettering kannst du grundsätzlich alle möglichen Schriftstile und -schnitte verwenden. Ob bei einer Aneinanderreihung bzw. Auflistung einzelner Wörter oder einem kleinen Text: Du entscheidest über die Gestaltung der Buchstaben. Wichtig für den Gesamteindruck ist, ob du viele Schriftstile kreativ variierst oder nur einen Stil verwendest. Wenn du ausschließlich einen Schrifttyp einsetzt, wird dein Bild harmonisch und ruhig wirken. Eine Vielfalt an Varianten hingegen erzeugt Spannung durch ihre Kontraste. Ich beginne mit einer ganz simplen Form, einem rechteckigen Rahmen.

Zimtstern

1   Notiere einige Begriffe, die du für dein Lettering benutzen möchtest. Danach zeichne den Rahmen bzw. die äußere Form, in die deine Wörter gesetzt werden sollen. Ich rate dir zu einer Vorzeichnung mit dem Bleistift, um leicht korrigieren zu können. In meinem rechteckigen Rahmen möchte ich die Wörter untereinander anordnen. Dazu habe ich Hilfslinien zur Begrenzung meiner Buchstaben gezogen. Sie sind teilweise geschwungen, und ihre Formen sind an die Folgewörter angepasst.

5 Eine große Portion Lettering-Ideen

2 Verteile deine Wörter in die entstandenen Felder. Vorerst brauchst du nicht an die Gestaltung zu denken, zeichne einfache Druckbuchstaben. Achte auf gleichmäßige Abstände zwischen den Buchstaben.

Schritt für Schritt kannst du die Buchstaben dann dekorativ ausarbeiten. In meiner Skizze ist die Verwandlung gut erkennbar. Für meine Buchstaben habe ich mich einiger Kontrastpaare bedient: hell – dunkel (schwarz – weiß), geschwungen – geradlinig, dick – dünn, groß – klein, schräg – gerade. Bist du mit deinem Entwurf zufrieden, beginnst du mit der Ausarbeitung mit Fineliner auf einem schönen Blatt Papier. Verwende Muster, Schraffuren, Punkte und ähnliche Gestaltungsoptionen für freie Buchstabenflächen, um die Wirkung der Kontraste zu erhöhen. Einige siehst du in meiner fertigen Zeichnung.

Wenn du deine Skizze schon auf einem schönen Blatt Papier gezeichnet hast und deine Bleistiftlinien schwach gehalten sind, kannst du die Linien direkt mit dem Fineliner nachziehen. Überschüssige Bleistiftlinien lassen sich anschließend vorsichtig wegradieren. Ansonsten empfehle ich dir, eine der Übertragungstechniken aus diesem Buch anzuwenden.

ZIMTSTERN
LEBKUCHEN
gebrannte Mandeln
SPEKULATIUS
GLÜHWEIN
vanillekipferl
MARZIPAN
SCHMALZKUCHEN

5 Eine große Portion Lettering-Ideen

Houston

»Houston, wir haben ein Problem.« Dieses, vom Original etwas abgewandelte Zitat stammt aus dem Film »Apollo 13«. Der originale Funkspruch wurde von der Crew am 13. April 1970 an die NASA-Überwachungszentrale gesendet. Für ein Lettering habe ich das Zitat in ein rechteckiges Feld eingepasst.

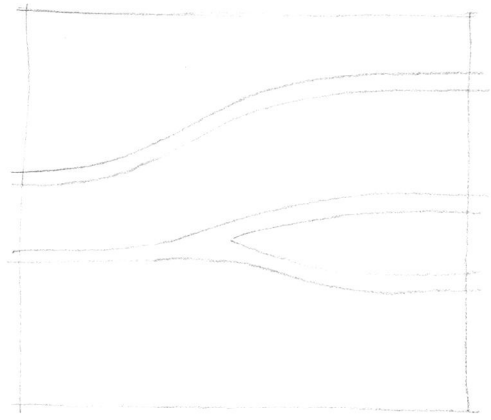

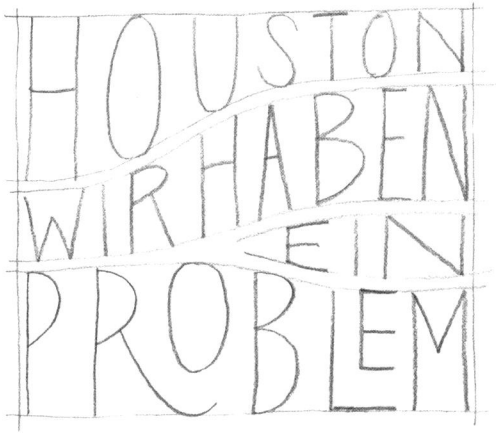

1 Wähle die Größe des Rahmens, in den du deine Wörter setzen möchtest. Lege nun die Zeilen mithilfe von Hilfslinien fest. Sie bilden ein Gerüst für deine Wörter. Bei dieser Zeichnung habe ich mich für geschwungene Linien entschieden, um der strengen Rahmenform entgegenzuwirken.

2 Zunächst habe ich die Buchstaben in ihrer Grundform in mein »Gerüst« gesetzt …

Bildhafte Konturen für Wörter

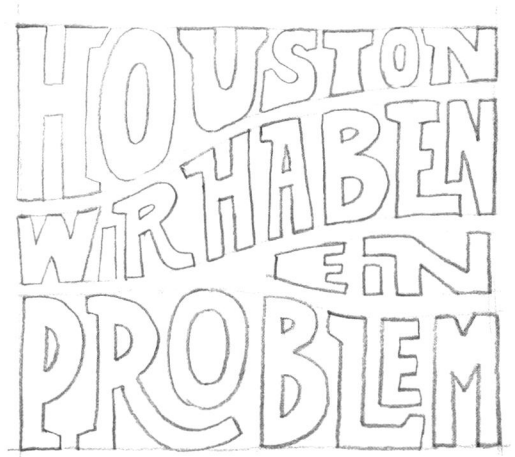

3 … und dann mit der Gestaltung meiner Buchstaben begonnen. Dieses Mal habe ich mich auf einen einzigen Schrifttyp beschränkt, eine Eigenkreation im Cartoon-Style. Achte auf gleichmäßige Abstände zwischen den Buchstaben. Auf einen größeren Abstand zwischen zwei Wörtern habe ich aus optischen Gründen verzichtet.

4 Die fertige Skizze habe ich um eine Zeichnung ergänzt. Die Rakete soll den Text inhaltlich unterstreichen und das Gesamtbild interessanter machen.

5 Eine große Portion Lettering-Ideen

5 Nun folgt die Reinzeichnung mit dem Fineliner. Ziehe dazu deine Bleistiftlinien nach und entferne, falls nötig, überschüssige Grafitstellen vorsichtig mit dem Radiergummi. In diesem Fall habe ich meinen Rahmen, also die Außenlinie, nicht nachgezogen, sondern ebenfalls entfernt.

6 Male die freien Stellen deiner Buchstaben aus oder dekoriere sie mit Mustern, Punkten, Streifen oder Schraffuren.

Familienherz

Kommen wir nun zu bildhafteren Konturen für Worte. Für meine Wörter im Script-Stil habe ich ein Herz und einen Kreis als Kontur gewählt. Und so bin ich vorgegangen:

1 Zeichne auf festes Papier eine Umrisslinie der Form, in die du deine Wörter setzen möchtest. Schneide die Form entlang der Kontur aus, sodass du eine Schablone erhältst. Nun kannst du die Schablone auf deinem Blatt platzieren.

2 Fülle das Herz mit Worten. Du solltest darauf achten, dass möglichst wenig Lücken entstehen. Ich habe die Wort- und Zeilenabstände bewusst klein gehalten, damit sie optisch keine Löcher in meine Form reißen. Mein Herz ist ein Geschenk für eine Familie. Die Namen der Familienmitglieder schreibe ich in einer Faux-Calligraphy-Schrift abwechselnd auf. Es ist sinnvoll, darauf zu achten, dass ein Wort niemals direkt unterhalb des gleichen Wortes steht.

Bildhafte Konturen für Wörter

Für ein schönes Erscheinungsbild ist ein Versatz der Wörter empfehlenswert – so wie bei einem Ziegelmauerwerk.

Eingerahmt macht das fertige Bild noch mehr her.

In der gleichen Weise lassen sich auch besondere und persönliche Karten gestalten. Siehe auch die Hochzeitskarte, die im ersten Kapitel abgebildet ist (Seite 20). Anlässe finden sich immer!

Anstatt eine Schablone zu verwenden, kannst du die gewünschte Kontur auch mit dem Bleistift auf dein Papier zeichnen. Der Umriss dient dir als Begrenzungslinie und kann später wegradiert werden.

Wenn du befürchtest, mit deiner Schrift nicht auf einer Linie bleiben zu können, dann ziehe dir zarte Hilfslinien, die du später wieder entfernst. Falls du ein »Light Pad« besitzt, könntest du dir auch ein Linienraster unter dein Blatt legen.

Bildhafte Konturen für Wörter

Herbstblatt

Eine weitere Anregung zu dieser Lettering-Art entstammt dem Thema »Herbst«. Für meine gesammelten Begriffe habe ich eine Blattform gewählt. Bitte beachte auch hier die Erklärungen des ersten Beispiels, die Vorgehensweise ist gleich.

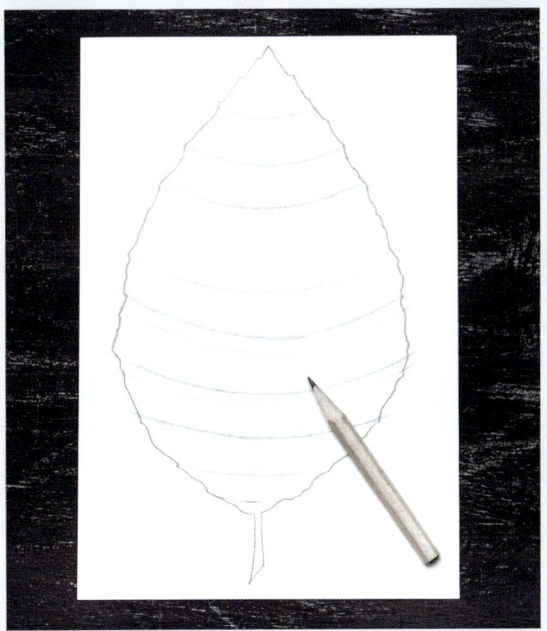

1   Wenn du ein schönes Thema zum Lettern gefunden hast, notiere dir einige spezifische Begriffe dazu.

2   Wähle eine Umrissform als Begrenzung deiner Wörter. Mir ist beim Thema »Herbst« spontan ein Blatt als Kontur eingefallen. Auch hier habe ich mir einige geschwungene Hilfslinien gezogen.

5 Eine große Portion Lettering-Ideen

3 Auf diesen Hilfslinien können nun die gesammelten Wörter Platz nehmen. Setze zunächst einfach skizzierte Buchstaben ein und berücksichtige gleichmäßige Abstände zwischen den Buchstaben.

4 Anschließend kannst du die Buchstaben dekorativ gestalten. Setze starke Kontraste ein, damit das Erscheinungsbild interessant wird. Ziehe deine Linien mit dem Fineliner nach oder übertrage deine Skizze auf ein neues Blatt Papier.

Live your Life

Das Schöne am »Konturen-Lettering« ist, dass die fertigen Bilder so unterschiedlich aussehen. Wie du am folgenden Beispiel erkennst, habe ich für meine Buchstaben wieder einmal einen rechteckigen Rahmen gewählt.

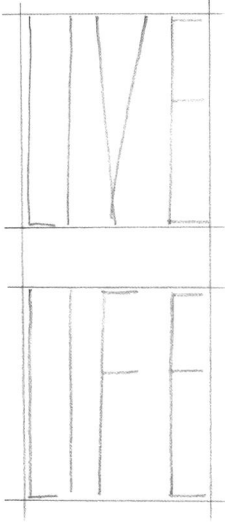

1   Skizziere deine Buchstaben in den abgesteckten Rahmen.

2   Nun kannst du die Buchstaben ausarbeiten und ausrichten. In meinem Entwurf habe ich mich für einfache Blockbuchstaben entschieden. Ich habe die Buchstaben eng zusammengerückt, um möglichst geringe Lücken entstehen zu lassen. Einen Kontrast zu den kantigen Blockbuchstaben bildet das Wort »your« im Script-Stil. Den rechteckigen Rahmen habe ich entfernt.

Bildhafte Konturen für Wörter

3 Nach Belieben kolorieren – fertig!

Buchstaben an eine Form anpassen

Auch bei dieser Lettering-Art werden Wörter in eine Form gesetzt, aber einige Buchstaben dieser Wörter passen sich der Kontur an. Sie verformen sich sozusagen – mal etwas mehr, mal etwas weniger. Diese Letterings machen viel Spaß, weil man viel ausprobieren kann. Und so kann das aussehen.

Coffee

1 Zu Beginn zeichne ich wieder den Rahmen bzw. die Form. In diesem Fall ist es eine Kaffeetasse.

2 Ich platziere die Buchstabengrundformen meines Wortes in die Tasse.

5   Eine große Portion Lettering-Ideen

3   Aus der Grundform entstehen Blockbuchstaben.

4   Wenn du magst, kannst du deinen Buchstaben Schattenlinien spendieren und das Bildmotiv ausgestalten. Hier habe ich den Kaffee – den Hintergrund der Buchstaben – schwarz ausgemalt. Dadurch kommen meine Blockbuchstaben besonders gut zur Geltung. Zusätzlich ziert ein dekoratives Schild mit einer Aufschrift die Tasse.

5 Eine große Portion Lettering-Ideen

Big Apple

Die folgende Zeichnung ist im »Big Apple« entstanden, in New York City. Sie hat ebenfalls eine ausgesprochen bildhafte Kontur. Die Buchstaben schmiegen sich an die Außenlinie und nehmen deren Form an. Die gewünschte Form soll durch die Buchstaben erkennbar bleiben, wenn die Umrandung schließlich entfernt wird.

Ein anderes Lettering mit bildhafter Kontur habe ich im ersten Kapitel gezeigt: die Zeichnung »Keine Karies« (siehe Seite 16). Die Buchstaben nehmen die Form des Zahnes an. Allerdings habe ich dort die Konturlinie mit dem Fineliner nachgezogen. Sieh' dir dieses Beispiel ruhig noch mal an.

1 Beginne wieder damit, die Umrisslinie deiner gewünschten Form zu zeichnen.

2 Skizziere die Buchstaben grob in die Form. Wie du siehst, habe ich meine Buchstaben an die Platzverhältnisse angepasst. Ein kleines a schmiegt sich besser an die Konturlinie, und das zweite »P« füllt den Raum, den das erste P frei lässt. Bei dieser Zeichnung geht es mir nicht um eine gute Lesbarkeit!

Bildhafte Konturen für Wörter

3 Bringe nun »Fleisch auf die Knochen«, also auf dein Buchstabenskelett. Die Blockbuchstaben vertragen ohne Probleme ungleichmäßig dicke und dünne Bereiche. Damit können sie sich noch besser der Form anpassen.

4 Die Linien – außer der Umrisslinie – kannst du mit dem Fineliner nachziehen und dann die Zeichnung nach Bedarf kolorieren. Die Umrisslinie radierst du anschließend vorsichtig weg.

Can't stop the feeling

»Can't stop the feeling« – Also weiter geht's! Und zwar ganz schlicht und geometrisch. Damit dieser kurze Spruch interessanter wirkt, habe ich ihn in einen Kreis gesetzt. Die Buchstaben stehen auf geschwungenen Linien und richten sich an der Umrisslinie des Kreises aus.

Wenn du den Wortabstand nicht einhältst, kannst du ihn zum Beispiel durch den Einsatz von Farbe kenntlich machen.

Hier rechts habe ich dafür dezent Schwarz und Weiß verwendet.

1 Zeichne zunächst den Kreis als Konturlinie. Hierzu solltest du einen Bleistift verwenden, da die Linie später entfernt wird. Meine Wörter benötigen den Platz von drei Zeilen, also ziehe ich zwei Linien durch meine Form. Ich habe mich für Wellenlinien entschieden.

2 Es ist sinnvoll, die geschwungenen Linien zu doppeln, damit ein Zeilenabstand entsteht. Ansonsten würden sich die Buchstabenzeilen berühren. Platziere die Buchstaben gerade, also senkrecht und parallel zueinander. Querstriche nehmen die Form der Linien oder der Umrandung auf. Um ein optisches Loch zu vermeiden, habe ich auf einen Wortabstand zwischen »Stop« und »The« verzichtet.

Bildhafte Konturen für Wörter

3 Um einige Striche an den Buchstaben zu verbreitern, habe ich dort parallele Linien gezogen. Der Hohlraum soll schwarz und weiß gefüllt werden. Wenn deine Vorzeichnung abgeschlossen ist, beginne die Reinzeichnung.

5 Eine große Portion Lettering-Ideen

Guten Morgen

In einem meiner Zeichenkurse habe ich gezeigt, wie man Ellipsen zeichnet. Eine Anwendung dazu war ein Glasgefäß. Nach dieser Lektion fertigten wir von unserer Zeichnung einen Linolschnitt an. Als dieser mehrfach gedruckt und getrocknet war, begann der kreative Teil der Aufgabe: das Gläserfüllen, egal womit. Wir haben viele Gläser gefüllt, und eines meiner Gläser beinhaltet: Wörter.

1 Fertige eine Zeichnung von einem Glasgefäß in beliebiger Form. Du benötigst eine Konturenzeichnung.

2 Bringe dein Motiv auf die Druckplatte und trage das Material ab, das nicht gedruckt werden soll. Nur die Linien des Glasgefäßes bleiben stehen. Nun kann gedruckt werden. Die Vorgehensweise beschreibe ich beim Thema »Print Lettering« (Seite 180).

3 Das Gefäß teile ich in Felder ein, in die ich meine Wörter setze. Meine Zeilenlinien zeichne ich etwas gebogen.

Bildhafte Konturen für Wörter

Eine zylindrische Form des Glases ist einfacher zu zeichnen. Du hast zwei gleich große Ellipsen und kannst die Seitenlinien gerade mit einem Lineal ziehen. Bei einer bauchigen Vase hingegen hast du viele verschieden große Ellipsen. Dadurch ist es aufwändiger, die rechte und die linke Seite der Zeichnung anzugleichen.

4 »Guten Morgen aus dem Glas«! Mir ist in dem Moment nichts anderes eingefallen. Überlege dir einen kurzen Spruch und gestalte deine Buchstaben.

Für Ungeduldige: Um diese Idee nachzuahmen, musst du nicht unbedingt einen Linoldruck anfertigen. Eine Zeichnung des Glasgefäßes genügt.

5 Eine große Portion Lettering-Ideen

Schrift als Muster

Aus Wörtern entstehen Muster

Schriften erinnern uns an Muster. Eine Struktur, die aus Wörtern besteht. Wörter aus wiederholten Buchstaben. Ein Rhythmus aus gleichen oder ähnlichen Formen ergibt ein Muster. Vor vielen Jahren schon habe ich meine Schriften als Gestaltungselement eingesetzt, also als Muster. Mit Acrylfarbe auf Leinwand und anderen Malgründen sowie als Siebdruck auf Textilien und Papier. Meine kurzen Texte schreibe ich meistens lückenlos, also ohne Wortabstände einzuhalten, um den Schriftrhythmus nicht zu unterbrechen.

Neulich habe ich einen Text aus einem schwedischen Designbuch abgeschrieben, ohne die Sprache zu verstehen. Mir kam es ausschließlich auf die Gestaltung meiner Schrift an und nicht auf den Inhalt der Worte. Die Schriftart spielt dabei keine Rolle. Mit Druckbuchstaben sowie mit Schreibschriften lassen sich tolle Muster erzeugen. Probiere auch unterschiedliche Stifte aus – ein Kugelschreiber hinterlässt einen viel dünneren Strich als ein Filzstift oder ein Brush Pen.

Die Kugelschreiberlinien wirken sehr fein und grazil. Der Fineliner-Text hat keine Zeilenabstände, dadurch berühren sich die Buchstaben. Es hat den Anschein, als verhaken sich die schlanken, hohen Buchstaben ineinander wie kahles Geäst.

Schrift als Muster

Hier siehst du breite, lange Buchstaben, geschrieben mit einem großen Pinselstift. Ich verwende hier den Begriff »schreiben«, weil die Worte fast nahtlos, ohne wesentliches Absetzen, also quasi in einem Atemzug entstehen. Die daraus entstehende monotone Optik wird auch hier zum Muster.

Drei Filzstiftvarianten mit alphabetisch aufgereihten Buchstaben. Durch Überlappung entstehen Strukturen, die an Strick- oder Häkelmaschen erinnern und an lose gewobene Netze.

Auch hier habe ich einen dicken Pinselstift verwendet, aber die Buchstaben haben eine andere Gestalt. Mit Zahlen lassen sich ebenfalls schöne Muster erzeugen. Der Vorteil an der Verwendung von Zahlen ist, dass sie im Gegensatz zu Wörtern keinen unmittelbaren Sinn ergeben. Man versucht gar nicht erst, irgendetwas darin zu erkennen.

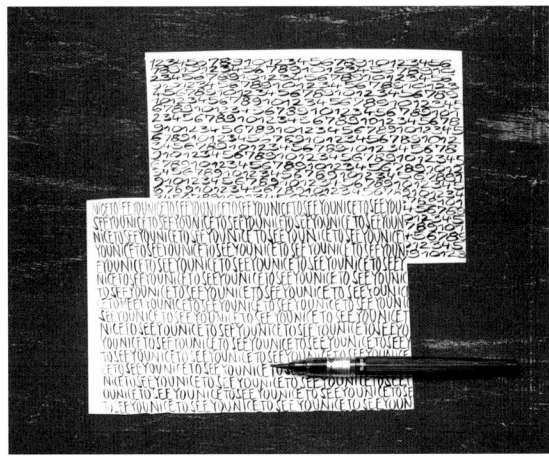

5 Eine große Portion Lettering-Ideen

Es gibt Handschriften, die erinnern uns an ein EKG oder haben markante Strukturen wie Stroh. Manche weisen viele Rundungen auf und wirken wie ein Haufen Kartoffeln oder ein aufgeribbelter Strickpullover. Oder wie Wellen auf hoher See.

Schrift ohne Worte

Durch die rhythmische Bewegung mit der Hand, wie beim Schreiben von Texten, lassen sich auch Schriften ohne Worte erzeugen. Im Grunde sind es Buchstabenfragmente in willkürlicher Anordnung.

5 Eine große Portion Lettering-Ideen

Verzierte Initialen und persönliche Monogramme

Initialen sind vergrößerte, meistens verzierte Anfangsbuchstaben von Kapitelanfängen und besonders von Namen. Im Allgemeinen sind es ein oder zwei Großbuchstaben, die künstlerisch gestaltet und ausgeschmückt sind. Es macht einfach Freude, schöne Initialen und Monogramme zu entwerfen und zu zeichnen. Daneben eignen sie sich wunderbar als ganz persönliches Geschenk – als gerahmtes Bild, auf einem Notizbuch, einem Kissen oder als Geschenkanhänger.

B wie Blume

Zeichne einen Blockbuchstaben und fülle ihn mit Blumen. Oder mit anderen Dingen, die dir gefallen. Fertige eine Vorzeichnung an, wenn du möchtest, und ziehe deine Linien mit dem Fineliner nach. Fülle dann die noch freie Fläche schwarz aus. Damit bekommt dein Buchstaben-Inlay eine Tiefenwirkung.

Verzierte Initialen und persönliche Monogramme

Ein J für Jules

Ein Büchlein für Jules. Sie mag es gern schnörkellos. Und sie mag Orange. Dieses Monogramm schmückt ihr neues Notizbuch.

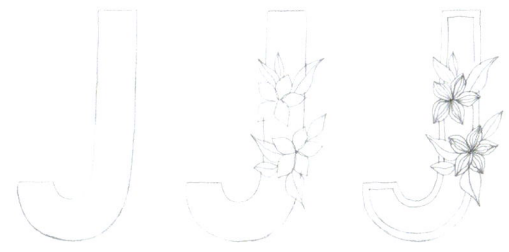

Und so einfach geht es! Ob verschnörkelt oder sachlich, bunt oder schwarz-weiß – gestalte deine Großbuchstaben, wie du sie magst!

Verzierte Initialen und persönliche Monogramme

So behältst du bei vielen Geschenken unter dem Weihnachtsbaum den Überblick.

5 Eine große Portion Lettering-Ideen

Typografieideen mit gezeichneten Buchstaben

In der Typografie geht es um das Setzen von Buchstaben. Dabei werden vorhandene Schriften verwendet. Es geht also nicht darum, schöne Buchstaben zu zeichnen, sondern um das Arrangieren von Schrift, Zeilen und freien Flächen. Früher hat man dafür den Bleisatz verwendet, heute setzt man Schriften am Computer. Ich drifte jetzt ein wenig ab und gehe den Weg »zu Fuß«. Das heißt, ich zeichne und setze meine Buchstaben mit dem Stift auf Papier. Es geht mir in diesem Fall nicht um das Gestalten der Schrift, sondern um das Gestalten **mit** Schrift.

Probiere aus, was du mit deinen Zeilen so alles tun kannst. Verändere beispielsweise ihre Größe, ihre Form und ihre Abstände. Mit diesen drei Beispielen möchte ich dich auf neue Ideen bringen.

Eine runde Sache

Ich »biege« meine Zeile zu einem Kreis. In diesem Loop gibt es kein Anfang und kein Ende. Zusätzliche Verwirrung stiftet der Mix aus Groß- und Kleinbuchstaben. Findest du heraus, was hier geschrieben steht?

1 Lege die Grundlinie sowie eventuelle Hilfslinien kreisförmig an.

2 Richte die Buchstaben aus und platziere sie. Entscheide dann über ihr Aussehen.

5 Eine große Portion Lettering-Ideen

Alles auf Anfang

Drei Linien bilden den Buchstaben »A«. Daraus entstehen meine Zeilen für die Worte: »Alles auf Anfang«. Hier habe ich ausschließlich Großbuchstaben verwendet.

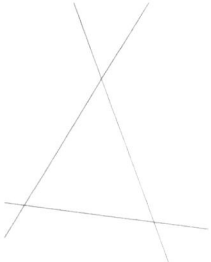

1 Zeichne die Linien für deine Zeilen.

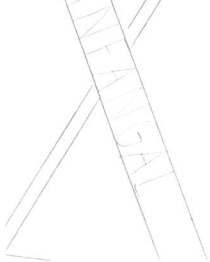

2 Mit einer jeweils zweiten, parallel gesetzten Linie legst du die Versalhöhe fest. Setze nun die Buchstaben ein.

222

Music is what feelings sound like

Als Inspiration zu dieser Zeile diente die Form meiner Ukulele. Der Spruch: »Music is what feelings sound like« nimmt die Kontur auf und windet sich um das Schallloch.

5 Eine große Portion Lettering-Ideen

Journal Lettering

Ein Journal im kreativen Sinn ist eine Art Notizbuch oder -heft, eine Mischung aus Tagebuch und Kalender: Alle Einfälle finden dort ihren Platz, aber auch die Termine. Man nennt es auch »Bullet Journal«. Bei verschiedenen Überschriften, beispielsweise für Wochentage, Namen, Themen etc., kommen markante Schriftzüge zum Einsatz.

Negativ-Lettering

Negativ-Letterings werden auch gern in einem »Bullet Journal« verwendet. Dabei wird der Hintergrund des Wortes gezeichnet, die Buchstaben bleiben sozusagen frei. Für den Hintergrund bieten sich vielfältige Gestaltungsmöglichkeiten an: Du kannst Muster, Blumen und vieles mehr verwenden. Ich habe ein auslaufendes Punktmuster gezeichnet. Die einzelnen Arbeitsschritte siehst du hier.

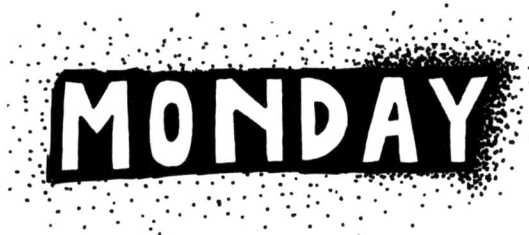

1 Zeichne dein Wort in Blockbuchstaben, ohne deren Flächen auszufüllen.

2 Fülle ihren Hintergrund in einer Farbe und setze besonders viele Punkte an die Kante der Farbfläche. Der Übergang von der Kante zur »Punkt-Fläche« soll fließend sein.

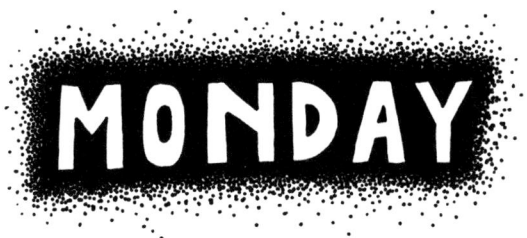

3 Ist die Kante nicht mehr zu erkennen, reduziere die Punkte. »Monday« ist fertig – Feierabend!

5   Eine große Portion Lettering-Ideen

Hintergrundwissen

Wenn dir das »Lettern« auf weißem Papier mal zu eintönig wird, dann kannst du etwas Farbe ins Spiel bzw. auf dein Blatt bringen.

Ich zeige dir drei einfache Varianten für eine tolle Hintergrundgestaltung.

Der Farbfleck

Für diese Variante brauchst du lediglich einen wasserlöslichen Filzstift und eine Folie, beispielsweise eine einfache Prospekthülle. Das sind Sachen, die man meistens sowieso zu Hause hat. Was mich an dieser Variante noch begeistert: Der Farbfleck ähnelt einem Aquarellfleck. Du brauchst dir aber hierfür keine teuren Aquarellfarben anzuschaffen und auch kein Aquarellpapier zu verwenden. Nimm ein stärkeres Zeichenpapier, auch glattes Druckerpapier eignet sich.

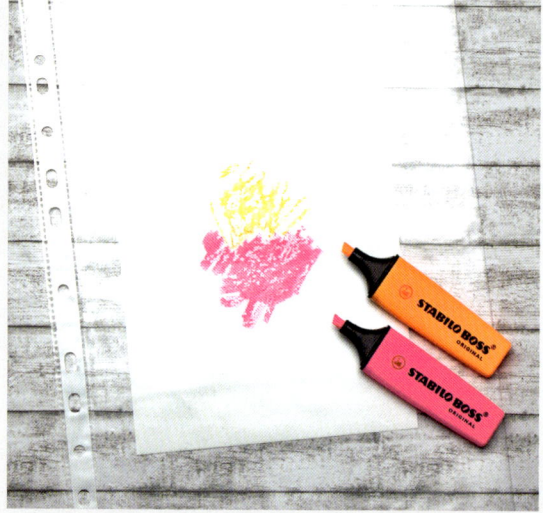

1 Trage die Farbe auf die Folie auf. Male dazu mit dem Filzstift einen Bereich auf deiner Folie aus. Du kannst auch mehrere Farben einsetzen.

Für diese Variante empfehle ich dir ein Zeichenpapier mit einer Grammatur ab 250 g/m². Dünneres Papier wellt sich sehr stark bei der Verwendung von Wasser.

Hintergrundwissen

2   Mithilfe des Pinsels vermischst du die Farbe mit Wasser.

3   Lege nun dein Papier auf die Folie und streiche es mit leichtem Druck glatt.

4   Löse das Papier von der Folie und begutachte deinen Fleck. Bevor du darauf zeichnen oder schreiben kannst, muss er trocknen. Der Prozess lässt sich gut mit einem Föhn beschleunigen.

5 Eine große Portion Lettering-Ideen

5 Gestalte ein Lettering mit Finelinern auf deinem trockenen Fleck.

Aus vielen kleinen Flecken kannst du beispielsweise Lesezeichen schneiden.

Hintergrundwissen

Schablonenmuster

Es gibt viele schöne Musterschablonen zu kaufen. Sie eignen sich toll als Hintergrund für Lettering-Sprüche. Für diese Technik benötigst du etwas Acrylfarbe und einen Stupfpinsel (Schablonierpinsel). Damit kannst du auch tolle Muster auf andere Untergründe aufbringen, zum Beispiel auf Leinwände oder Holzplatten.

1 Positioniere die Schablone auf deinem Untergrund. Mein Untergrund ist eine grundierte Holzplatte.

2 Drück die Schablone fest an. Jetzt wird die Acrylfarbe mit dem Pinsel auf die Schablone aufgetragen.

5 Eine große Portion Lettering-Ideen

3
Nimm die Schablone vorsichtig ab und bestaune das Muster. Für eine Beschriftung muss die Farbe trocken sein.

Verwende die Farbe unverdünnt und sparsam. Außerdem solltest du den Pinsel beim Auftragen senkrecht zur Schablone halten. Damit verringerst du die Gefahr, dass Farbe unter den Schablonenrand läuft.

230

Hintergrundwissen

Stempeldruck

Aus einem einzelnen Stempelmotiv kannst du dir ein eigenes Muster drucken. Verwende dazu einen Motivstempel und ein Stempelkissen. Solche Hintergrundmuster kannst du auch in dein Skizzenbuch drucken, denn du brauchst kein besonderes Papier.

Verschiedene Stempelmuster

Nicht nur auf Papier schön!

Du hast nun eine Menge Lettering-Ideen und verschiedene Techniken kennengelernt. Doch nicht nur auf Papier kommen deine Letterings toll zur Geltung. Auch auf anderen Untergründen machen schön gestaltete Buchstaben richtig was her: auf Stein, Holz, Pappe, Textil oder Leinwand. Ich zeige dir ein paar Beispiele.

Lettering auf Textilien

Für die Gestaltung von Textilien verwende bitte geeignete Textilmarker, die es in vielen tollen Farben gibt. Die meisten Stifte sind für unbehandelte Baumwollstoffe geeignet. Ihre Tinte wird durch Hitze fixiert, also waschbeständig gemacht. Dies kannst du mithilfe eines Bügeleisens oder im Backofen erreichen. Halte dich hierzu an die Angaben des Herstellers.

Für spezielle Untergründe ist unter Umständen die Benutzung von geeigneten Stiften erforderlich: Textilmarker für Stoffe, Lackmarker für Steine, Holz und Leinwand, Kreidestifte für Tafeln usw. Einige Spezialstifte habe ich im ersten Kapitel unter »Material« aufgeführt (Seite 39).

5 Eine große Portion Lettering-Ideen

1   Meine Vorzeichnung beginne ich mit dem Bleistift. Eine Anleitung zu dieser Lettering-Technik findest du in diesem Buch unter »Drunter und drüber« (Seite 151).

2   Übertrage deine Skizze und koloriere sie mit Textilmarkern.

Damit es keine Missverständnisse gibt!

Nicht nur auf Papier schön!

Worte auf Stein

Steine lassen sich hervorragend mit Lackmarkern verzieren.

5 Eine große Portion Lettering-Ideen

Lettering auf Pappe, Leinwand und Holz

Diese Untergründe kannst du ebenfalls mit
Lackmarkern bearbeiten.

Ich möchte mich bei vielen lieben Menschen bedanken, die zur Entstehung dieses Buches beigetragen haben.

Barbara Lauer
Beste Lektorin! Danke für die tolle und unkomplizierte Zusammenarbeit. Und für die vielen Komplimente.

Frank Heidt und **Veronika Schnabel** von der Herstellung. Danke fürs Wünscheerfüllen und die netten Telefonate.

Detlev
Danke, dass du mein kreatives Chaos ertragen, eingekauft und lecker gekocht hast, wenn ich mal wieder gezeichnet habe.

Lino
Danke, dass du mir deine gute Kamera geliehen hast. Und, dass du stolz auf mich bist. Ich bin auch sehr stolz auf dich!

Henri
Dein Beitrag ist eine große Bereicherung für dieses Buch. Vielen, vielen Dank für deine coolen Alphabete.

Danke **Mama**, dass du mich alle drei Tage gefragt hast, wie weit ich bin.

Birte
Danke für deine sechs Finger auf der Tastatur und den beherzten Einsatz, als ich fast meinen Laptop weggeworfen hätte. Und für die Piña colada! Und für alles!

Betsy
Wenn ich dich nicht hätte, würde ich wahrscheinlich immer noch tippen! Danke für deine zehn Finger und die stets kurzweilige Ablenkung. Ich sag' nur: »Zwischen – Stopp – Prost!«

Ulla
Du bist immer auf Zack und steckst andere mit deinem Tatendrang an. Danke für deine Worte über meine Person. Birte und du, ihr habt einen netten Text über mich verfasst. Danke!

Ich danke auch **Thomas**, meinem Telefonjoker für Kamerafragen, und **Philipp**, dem absoluten Adobe-Experten.

Durch euer Know-how sind tolle Bilder entstanden und ich habe eine Menge dazugelernt.

THE END

Index

3D-Effekt 120, 154, 163

A
Abgerundete Buchstaben 108
Abwärtsstrich 80, 82, 160
Acrylfarbe 229
Acrylmarker *siehe* Lackmarker
Alles auf Anfang 222
Alles Gute 151
Alltag 16
Alphabetbilder 136
Anfangsbuchstaben 216
Anlässe 20
Anspitzen 25
Anspitzer 29, 40
Aquarellpapier 43
Arbeitstempo 25
Arm (Buchstaben) 59
Aufwärtsstrich 80, 160, 163

B
Baby, It's Cold Outside 166
Banner 122
Basisausrüstung 28
Bauch (Buchstaben) 59
Begrenzung 195
Begrenzungslinie 194
Be-leaf me *siehe* Blätter-Alphabet
Big Apple 204
Bildgestaltung 166

Bildhafte Kontur 157, 185, 192, 195, 201, 204
Blätter 125, 131, 132
Blätter-Alphabet 90
Bleistift 29
Bleistiftminen 29
Blockbuchstaben 105
Blockbuster-Buchstaben 100
Blockserifen 106
Blumen 14, 125, 131, 132, 216
Bootcut 88
Bordüren 132
Bounce-Effekt 72
Bounce Lettering 71
Brainstorming 9
Bretterbude (Alphabet) 94
Brottüte 177
Brush Lettering 80, 152, 154, 160
Brush Pen 32, 110, 162
Bubble-Schrift 98
Buchstaben 59, 66
    abgerundet 110
    Abstand 69
    an eine Form anpassen 201
    bildlich drastellen 113
    Design 104
    dreidimensional 120
    entwerfen 104
    Form 69
    Geometrie 67
    Innenraum 69

Index

Lücken 70
Mix 139
variieren 112
Bullet Journal 224, 225
B wie Blume 216

C
Can't stop the feeling 206
Cartoon-Schrift 102
Cartoon-Style 189
Comics 102

D
Danke 156
Dekorative Linien 132
Dekorative Schrift 63
Don't forget to smile 173
Doppel-Banner 123
Dreidimensionale Buchstaben 118, 122
Drucken 180, 181, 184, 208
Druckerpapier 42, 226
Druckplatten 180, 181
Drunter und drüber 151
Durchpausen 43
Dynamik 71

E
Einladungskarten 78
Ellipsen 208
Entwurfsskizzen 9
Essen 11

F
Farben 17
Farbfleck 226
Faux Calligraphy 82, 152, 163, 192
Feiertage 13
Fineliner 31
Fluchtpunkt-Perspektive 120
Folie 226
Freestyle 112
Frühling 10

G
Gelstifte 37
Gemeine *siehe* Kleinbuchstaben
Geodreieck 39
Geometrie der Buchstaben 67
Gestrichenes Papier 42
Getränke 19
Glas 38, 39
Glattes Papier 42
Graffiti 96, 98, 100
Grafitpapier *siehe* Transparentpapier
Großbuchstaben 8, 66, 67, 104
Grundlinie 66, 67
Guten Morgen 208

H
Handlettering (Allgemeines) 7
Handschrift 7, 44
Happy Birthday 113
Härtegrade (Bleistift) 29
Have fun 154
Herbst 195
Herbstblatt 195
Herzen 132
Herzkontur 192
Hilfslinien 66, 104, 195
Hintergrundgestaltung 226, 229, 231
H-Linie 66, 67
Hobbys 16

Hochdrucktechnik 180
Holz 38, 229, 236
Houston 188
Hurry up! 92

I
Ideen festhalten 22
Initialen 216
Inspiration 9
Isometrie 118

J
Jahreszeiten 10
J für Jules 217
Journal Lettering 224

K
Kalligrafie 7
Kalligrafiestift *siehe* Brush Pen
Kapitälchen 68
Karopapier 43, 104, 107
Karten 194
Karton 38
Keilspitze 111
Keilstift *siehe* Kalligrafiestift
Klebeband 41, 47
Kleinbuchstaben 8, 66, 67
k-Linie 66
Kohlepapier *siehe* Transferpapier
Komposition 166
Kontraste 185, 186, 196
Kontur *siehe* Bildhafte Kontur
Konturlinie 145, 146, 147
Körperkanten 118
Körperschatten 114
Kränze 125, 128

Kreidemarker 39
Kreisform 125
Kreiskontur 171, 194, 206
Kreisschablonen 41
Kringel 124
Kunststoff 38
Kursiv 61

L
Lackmarker 38, 235, 236
Laufrichtung 59
Laufweite 69
Layouts für Sprüche 166
Leinwand 38, 229, 236
Lesbarkeit 60, 62, 66, 69
Lesezeichen 228
Lettering *siehe* Handlettering
Leuchtplatte *siehe* Light Pad
Lichteinfall 114, 120
Lichtreflexe 167
Ligatur 59, 60
Light Pad 48
Lineal 39
Liniensystem 66
Linoldruck 180
Linolschnitt 208
Live your Life 198
Love & Peace 109
Luise 157

M
Majuskel *siehe* Großbuchstaben
Marker 36, 111
Mehrfachbanner 123
Minuskel *siehe* Kleinbuchstaben
Mittelachse 173

Mittellinie 171
Monogramm 216, 217
Moodboard 23
Motivstempel 231
Motivübertragung
    Fensterscheibe 47
    Light Pad 48
    Transferpapier 50
    Transparentpapier 52
Muster 132, 210, 212
Musterschablonen 229

N
Natur 14
Negativ-Lettering 225
Notizbuch 22, 50, 217

O
Oberflächenstruktur 120
Oberlänge 66, 67
One, two, three! 145
Ostern 13
Outline-Lettering 145, 148

P
Packpapier 178
Papier 38, 42
Pappe 236
Pinselschrift *siehe* Brush Lettering
Pinselstift *siehe* Brush Pen
p-Linie 66
Porzellan 39
Porzellan-Painter 39
Print Lettering 180
Probedruck 182
Prospekthülle 226

Punkt 59
Punktmuster 225
Punktraster-Papier 43
Punze 59

Q
Querstrich 60

R
Radiergummi 40
Rahmen 185, 188
Ranken 125
Raster 107
Rasterpapier 43
Regeln 66
Reime 21
Ribbon-Effekt 161
Ribbon Lettering 160
Round about 107

S
Sans Serif *siehe* serifenlose Schriften
Schablone 86, 192
Schablonenmuster 229
Schablonenschriften *siehe* Stencil-Schrift
Schatten 114
Schatteneffekt 117
Schattenlinien 202
Schattierungen 117
Scheitel (Buchstaben) 60
Schlagschatten 114
Schlaufen 124
Schliffkanten 120
Schnörkel 124, 132
Schnörkelelemente 148
Schönschreibkunst *siehe* Kalligrafie

Schreibschrift 63, 80
Schreibschriftlinie 158
Schrift als Muster 210
Schriftart 61
Schriftbreite 61
Schriftgestaltung *siehe* Typografie
Schriftlage 61
Schrift ohne Worte 215
Schriftrhythmus 210
Schriftschnitte 106
Schriftstärke 61
Schriftstile 62
Schulter (Buchstaben) 59
Schwünge 124
Script *siehe* Schreibschrift, Script-Stil
Script-Schriftzug 152, 154
Script-Stil 82, 138, 184, 192
Serif *siehe* Serifenschriften
Serifen 59, 62, 78
Serifenlose Schriften 76, 106
Serifenschriften 59, 62, 78
Sittin' in the Mornin' Sun 146
Sitzhaltung 24
Skizzenbuch 22, 43, 157
Skizze übertragen *siehe* Motivübertragung
Sohle (Buchstaben) 60
Songtexte 20, 166
Speed Lettering *siehe* Hurry up!
Spruchbänder 122
Sprüche 14, 15, 169, 172, 206
Stamm 59
Stege 86
Stein 38, 235
Stempeldruck 231
Stencil-Schrift 86
Stifthaltung 25

Stiftverlängerung 30
Stoffe 39
Strichstärke 31, 80, 82
Stupfpinsel 229
Swashes 124

T
Textilien 233
Textilmalstifte 39
Textilmarker 233
Textmarker 36
Throw Up Letters 96
Tiefenwirkung 120
Tintenroller 37
Transferpapier 43, 50
Transparentpapier 43, 52
Tropfen (Buchstaben) 59, 78
Tropfenserife 78
Typografie 7, 8, 220

U
Überschriften 224
Umrandung 131, 147, 204
Umriss *siehe* Bildhafte Kontur, Konturlinie
Unicase-Schriften 68
Unterlänge 66
Urlaub 18
Urlaubsausstattung 18

V
Versalien *siehe* Großbuchstaben
Versatz 193
Verschmelzung 147
Verzierungen 124

Index

W
Walk the line 156
Washi-Tape 23
Weihnachten 13
Western-Look 84
Western-Style 106
Wild Style 100
Winter 10
Wortabstand 69
Worthierarchie 169
Wortsammlung 142, 144
Wortzwischenräume 70
Wünsche 11

X
x-Linie (Mittellinie) 66

Y
You are great 147
You are my sunshine 169
You & Me 110

Z
Zahlenmuster 212
Zeichenabstand *siehe* Buchstabenabstand
Zeilenabstand 69, 70
Zimmermannsbleistift 29
Zirkel 41
Zitate 14
Zylindrische Form 209